從教門發現歷史：

天地會、天德聖教、天人教與西天大佛教

毛帝勝 著

推薦序

蔡　序

　　民初以降的主流思想界一度將「宗教」視爲貶義詞。當時的諸多思想大師均否認中國思想或者儒學可以作爲一種宗教，甚至刻意將中國思想形塑並嘗試帶往一個「以倫理替代宗教」、「以道德替代宗教」的走向。[1]

　　近代以來，中國傳統思想的宗教內涵，特別是這當中的儒學是否算爲一種宗教，有諸多重要的爭論。黃俊傑整理了前賢研究也參考西方學者研究後認爲，儒學是一種不屬於一般西方宗教經驗定義下的「宗教」的範疇之內，但卻具有強烈的「宗教性」的傳統。[2] 黃進興則認爲對儒學與宗教之間，應該採取「暫時先擱置何謂『宗教』的定義，而專注傳統社會裡儒、釋、道互相參照的現象」。[3] 亦即在儒學面對他者思想的交會或發生

---

[1] 黃進興，〈清末民初儒教的「去宗教化」〉，《古今論衡》第二十二期（臺北，2011），頁 49。

[2] 黃俊傑，〈試論儒學的宗教性內涵〉，《東亞儒學史的新視野》（臺北：臺大出版中心，2004），頁 119。

[3] 黃進興，〈比較宗教與宗教概念〉，《聖賢與聖徒》（臺北：允晨出版社，2001），頁 7。

衝突之際，其宗教性定義的適用爭論就會彰顯出來，這點在明清之際儒學和基督宗教交會時也有類似的情況。[4]

　　呂妙芬也曾研究儒學傳統中重要的經典《孝經》。她認爲《孝經》不僅是君臣共識爲「攸關治統」的文本，也被視爲是有感通神力的泛宗教化（pan-religion tendency）文本，晚明學人對《孝經》的詮釋中更充滿了宗教性意涵。爾後《孝經》以善書形式出版或傳講，更成爲了貼近群眾的「孔聖經典」，因而更帶有濃厚的宗教性與宗教功能，也充分呈現出三教合流下豐富的思想內涵。[5]

　　此外，呂妙芬和康豹也指出，從宗教的定義來看，西方世俗化理論主要針對西方歷史而提出，未必符合其他社會的歷史發展；當代學者以世俗化的概念探討中國社會時必須要更謹慎，因爲其中有許多得自西方的經驗也許不適用於中國。中國自古至今，宗教與商業、慈善、政治等領域的關係始終緊密，並非如同世俗化理論所的宗教與其他領域互不相涉。即使民初以來國家和

---

[4] 發生在康熙朝的禮儀之爭就充分表達出，到底儒學是否是宗教的問題，站在不同時空立場的各有看法，甚至包含天主教同一修會或者不同修會的人，都互有分歧。詳見李天綱，《聖賢與聖徒》（臺北：允晨出版社，2001），頁 185-198。

[5] 呂妙芬，《孝治天下：《孝經》與近世中國的政治與文化》（臺北：聯經出版社，2011）。

新式菁英高舉世俗化的旗幟，中國宗教卻仍未走上全盤世俗化的道路，直到今天宗教因素仍不時在華人法律、政治中發揮影響。[6]

筆者十分認同前述學者的研究，也就是清末以降的知識界之所以把儒教視爲非宗教，除了因爲「界義式的進路外」，另外也因爲比較在基督宗教把宗教作爲「私人宗教」的特徵下判斷，但是可能會忽略儒教在傳統中國作爲公共宗教（public religion）的特質。[7] 參考以上研究成果，我們也許更該先放下某種西方或者近代對宗教太過明確的定義，反而先嘗試回到不同時代的歷史脈絡，就會發現中國傳統中其實也保存了豐富的比較宗教的史料。[8]

特別身爲一位歷史學研究者，時值二十一世紀，更該嘗試跳脫民初以來知識份子刻意將中國傳統「去宗教化」的論述。反之，表面上宗教在民初以來各種反宗教運動中受到打擊，然而實際上卻在民間保留了大量的活力，因此許多重要學者都已經開始嘗試補足這塊過去研究上較爲缺失的部分，也就是各種宗教運動在民初思

[6] 呂妙芬；康豹編著，《五四運動與中國宗教的調適與發展》（臺北：中央研究院近代史研究所，2020），頁5。

[7] 黃進興，〈近年宗教史研究的新啟示——「宗教」核心概念的反思〉，《歷史的轉向：現代史學的破與立》（香港：香港中文大學出版社，2021），頁269。

[8] 黃進興，〈近年宗教史研究的新啟示——「宗教」核心概念的反思〉，頁275。

想界留下的諸多重要影響。甚至有學者認爲，儒學宗教化也可能是另一種理解近世中國儒家發展的脈絡。[9]筆者也非常認同呂妙芬和康豹所言，近代中國各宗教存在於各種張力和衝突之中，也創造出許多複雜的論述與歷史行動。透過「宗教」的視域，對不同宗教個案進行研究，往往可以觀察到更複雜交織又生動的歷史圖象。[10]

參照以上所述，毛帝勝博士將要出版的這部大作，不僅思想內容豐富，也充分扣緊各個不同階段的歷史脈絡，還兼論清代臺灣民間歷史中的天地會記憶，不僅能幫助我們理解並追溯這段清末民初以降中國宗教思想的發展，也使我們得以初步認識這些思想傳播來臺後的重要歷程。因而特此推薦本書。

臺灣大學政治系兼任助理教授
蔡至哲
2022 年 5 月 25 日

---

[9] 范純武，〈民初儒學的宗教化：段正元與道德學社的個案研究〉，《民俗曲藝》172 期（臺北，2011），頁 161-203。

[10] 呂妙芬；康豹編著，《五四運動與中國宗教的調適與發展》（臺北：中央研究院近代史研究所，2020），頁 6。

胡　序

　　明覺（毛帝勝）學而不倦，研而不止，研析論述引經據典，透理明白為乾坤之標竿，望我德門乾坤詳讀參研，余忝為神職亦為天德門人者實與有榮焉。拜讀有感蠡測贅言於后以為識！有人類自有宗教，但宗教是什麼？一炁宗主云：「宗教者，則教化世道人心，去惡從善之謂也。」用勸善懲惡的教義，來教化使人信仰的，叫做宗教；那麼「信仰」就是對教義的信服敬慕。宗教都是勸人「眾善而奉行，要無間於朝夕；諸惡而莫做，刻刻勿離於心」。若各宗教的信仰者，皆能奉行各宗教的教義，則世界都是慈悲仁愛的宗教人，那就可以達到「宗教大同」的和平世界。

　　各宗教皆是有所宗的，應該是是講正信的、是講智信的，但所宗者是什麼？無外乎就是慈悲佈施，勸人向善修德的正信；效法各教教主的道德及至高無上人格的智信；將之所宗的精神道德與人格奉為教義。「萬教合一而為宗，佛法度人而立教」，各教教義皆秉天之德，而無分別對立與好惡，無是非無色相之分，以忠恕慈悲正義仁愛清真傳之於後，集各教之精神道德匯合稱為「天之德」，亦謂之「廿字」；廿字就是為人之道，已括天地萬物聖賢仙佛，為人立身行道之大綱。我們信教所信為何？就是「正心修身」惟「正己化人」而已。我

7

們信奉宗教決不能迷信；宗教並不是依迷信所可光大的，若是迷信就失去信仰宗教的宗旨。

宗主云：「欲知信教，而非迷信，必培德立功，懺悔過惡，一切行為，均須合乎廿字，倘不合乎廿字，就是迷信。」天德聖教所奉行弘揚之廿字，對治三才之病醒世警頑，使迷者得返奸邪收輻，格心一意向善。廿字是人之道，天之法，假若大家不離開廿字，則刀兵水火瘟疫災劫，就都不會來，因為廿字就是做人之道，回天之法；我們為何以廿字立教？因五教同源，萬教合宗，身心修持同撐寶筏，則災可禳而福可祈；此廿字為宗教之命脈，又為全世界之骨幹，有此廿字，則諸惡莫作眾善奉行，善惡由人自覺自作，災福之來，就在人們的行善或行惡之分了。天德聖教是聖人之教，廿字更為成聖之道；是奉行聖賢仙佛的性德教化的宗教，此性德教化即是「聖道」，具體的內涵即是「忠恕廉明德正義信忍公博孝仁慈覺節儉真禮和」。

廿字是集五教萬教經論之精微而成，其義與各教並無抵觸，更無教界門戶之別，天德聖教的弟子皆以「廿字」為行持、為修行之圭臬。憑持廿字學理、論述、生活奉行、實務驗證，廣納智者所闡釋正信、正念、正能量，來推動認識天德聖教，認識廿字教義。弘揚廿字首重「正己化人」與「正心修身」，宏願以廿字普度眾生、願以廿字挽三期延康浩劫、願以廿字促進宗教大同、願以廿字實現世界和平。「祈」天德聖教廿字

一心，乾坤弟子秉願眞行。「願」聖佛金光照耀三界，
普降蓮華瑞氣呈祥。「見」世界大同、和平實現。

天德聖教念字聖堂開導師
胡萬新（光覺）
2022 年 5 月 11 日

劉　序

　　講到了天地會，就不得不讓人聯想到金庸武俠小說《鹿鼎記》中的天地會總舵主陳近南，而小說中的一句「平生不識陳近南，便稱英雄也枉然」，不僅是武俠世界裡最廣爲流傳的名句之一，也因爲《鹿鼎記》的發揚光大，更使得「天地會」成了爲人所熟知的幫會派門。

　　但天地會究竟是什麼樣的一個組織？

　　或許很多人都會說他是當時爲了推翻滿清政府，恢復漢人統治而設立的組織，都定必與「反清復明」等一類政治口號扯上關係，但實際上，許多明鄭遺民不願向「異族」政權的清帝國投降，於是披上佛教僧侶服飾，遁入佛門，就像天地會的傳說中最爲人津津樂道的少林五祖、至善禪師等，就經常被後世描繪成反抗清廷暴政的烈士，由此可見，早年佛門其實與明鄭遺民抗清運動有著密切的關係，因此在清代臺灣府治所在的北門外，也流傳著一則「黃蘗寺傳說」，講述黃蘗寺僧人曾預謀抗清。

　　而毛帝勝就採納了這一觀點，論述兩者間究竟純屬穿鑿附會，還是確有其淵源？以及教門對於這些臺灣頻繁發生的歷史事件又有何影響力？包括清乾隆五十一

年爆發的「林爽文事件」中，在南部叱吒風雲的金娘，從下淡水的尪姨賓那處學會巫術與醫術，以及又從漢人符咒師（符仔仙）林乞處習得符法，究竟這樣宗教信仰的力量，對於反清起了多大的作用？以致後來到了日治時期抗日都必須借助其號召力，像是噍吧哖事件就是最著名的例子，還有像咸豐三年的林恭、李石事件與當時的太平天國，其「天德」年號與現今「天德聖教」是否有所關聯？以及其歷史淵源對臺灣到底有沒有影響？……等等。

如此盤根錯節、糾葛難分的關係，透過臺南國立成功大學歷史系攻讀研究所（從碩士到博士）的毛帝勝研究，將天地會、天德聖教、天人教與西天大佛教這些教門，在這片土地上所發生過的點點滴滴，一一的撰寫編輯成冊，而這些也都是歷史的一部份，也都深具其歷史的意義，是不容忽視，也不能夠忽視的，因此從這個角度來看這本書，可說是體現田調精神的讀本，由探索細微的線索中，去重新認識這些教門，或許還更有意義。

高師大臺灣歷史文化及語言研究所碩士生

劉自仁

2022 年 5 月 13 日

推薦序

余 序

我與帝勝是去年（2021）6 月西天大佛教的課程認識的，當初詢問他的學法初衷，他告訴我除了想要幫助身邊的朋友，同時也因為他研究天德聖教，發現天德聖教有許多民間法教的影子，才想來到法教學院瞭解民間法教的歷史淵源，與符法的使法邏輯。

身為西佛傳教師，本身有把這個法派傳承下去的責任，但若傳承師公師父的技術，不僅要知道術法的使用，我自己認為民間法教的本質也不可望，這方面就要借鏡歷史學家的解讀了。

從帝勝的文章來看，除了有針對法本與神牌解讀，發現西佛背後的傳承相當複雜，不單單只是一個民間教派，而是來自中國大陸各省的法教集成。其中，讓它能貫通各省的關鍵，帝勝認為是跟古代反抗政府的祕密結社有關。

文中又把明清史專家學者蒐集的第一手資料，與他們個別的認識，以此拼湊西佛的可能傳承。作為老師，我能幫忙的就是解決帝勝的疑惑與困難；但作為朋友，我期待這也只是個開始，會繼續支持西佛與相關研究能夠繼續下去，讓大家慢慢理解，民間法教的問世淵源。這不僅能夠強化精神文化傳承，更能帶給人類福

祉，進而促成社會安樂祥和，這也是我們法教學院成立的宗旨。

於此給與祝福，與期盼！

福生無量

臺灣法教學院院長
余法宸（三翃）
2022 年 5 月 26 日

自序

　　「從教門發現歷史」，其實很明顯是我對大學恩師卓克華教授的致敬，當初對宗教歷史會有興趣，便自卓恩師《從寺廟發現歷史》與《從古蹟發現歷史》三部曲而有的。書名謂之「教門」其實是民間教派與結社的意思，這次列舉出的天地會，有別稱爲「洪門」；天德聖教曾在中國大陸也被稱爲「一炁宗門」、「廿字門」或「天德門」之類。剛好有「教」有「門」，故以此命名之。然而，這次選擇天地會、天德聖教、天人教與西天大佛教，它們之間有何共同點呢？

　　其實都是跟亂世的時空背景有著關聯，在這種環境下，人們的精神寄託與物質需求會愈發強烈，進而發展出打破時局狀態的舉措。天地會選擇武裝起義，天德聖教跟天人教選擇教化人心，西天大佛教則是透過術法給與人們心靈上的安寧。另外，還有就是脈絡淵源的部分，天地會在清末，發展出類似末日預言的救世主「天德」（天德皇帝、天德王、天德教主）的讖緯神話，而這也影響到天德聖教的神話建構與發展，天人教（之後演變爲天帝教）出自天德聖教同樣也有一定影響；而西天大佛教傳說發源自天地會與紅蓮教，根據本研究則是與其他明清民間法派也有關聯。因此，三者有著一定相

關性，故在本冊中以此三者的歷史研究進行匯集，而這些文章部份也是受到地方文獻刊登與研討會發表，自己也根據前人建議在做修改，方有此作產生。同時，也期許本書乃為第一冊，之後陸續研究，都會以此方式寫作出版，希望能與更多前輩、朋友們交流。

　　本書能夠出版，首要感謝目前的指導恩師江達智教授與劉煥玲師母（敏首同奮）以及自己所在的武峯文史工作室夥伴徐崇哲與謝宜憲的支持，再來是各地文史前輩李太豐老師、陳義宗老師、李泳泠老師、陳耀昌老師、劉自仁老師、許獻平老師、高振益老師、劉己玄老師、劉康毅老師、王明中老師、王苡儒老師、賴祥蔚老師與李志強老師的鼓勵，以及我在天德聖教的開導師胡萬新道長、西天大佛教與六壬仙教傳教師余法宸（三翊）師父以及天帝教極院教史委員會、臺南初院、成大宗教哲學研究社與諸多同奮的幫助。最後更要感謝的，是從大學時就非常支持我做歷史研究的佛光大學摯友劉癸亨、徐超恩、黃世欽、李依儒、鍾國豪、朱浩毅老師、邱彥貴老師與范純武老師，以及自己的家人。

毛帝勝

筆於武峯文史工作室

2022 年 4 月 28 日

自序

目錄

天地會篇

臺灣府城的天地會記憶與傳說[11]

壹、前言

　　古人有云：「一府、二鹿、三艋舺」，這簡單幾字除闡述漢人在臺灣島開墾先後與經濟開發順序外，更意謂所謂的「府」，即核心範圍為今日臺南市中西區、東區、北區一帶的清代臺灣府城（建省後為臺南府城），[12] 是臺灣漢人開發史上重要的一環。[13] 然而，臺南市區在歷史上有漢人大規模開發階段，除了荷治時期（1624~1662）由荷蘭聯合東印度公司（VOC, 1602~1799）駐福爾摩沙人員招募沿海漢人移民農耕外，[14] 便是由大明招討大將軍國姓成功（1624~1662）[15] 率領之明朝軍民建立之明鄭政權（1661~1683）所帶

[11] 本文內文根據舊有研究修改，即〈臺南市區的天地會傳說與記憶初考：以黃蘗寺傳說與金臺結義為例〉。同時，能夠完成本文，除了感謝田野工作夥伴劉自仁老師的幫助外，還非常感謝漢留天地金春山的劉康毅老師與王明中老師賜教，以及中國大陸李自成與洪門研究者李志強老師的分享與探討。原研究可見：毛帝勝，〈臺南市區的天地會傳說與記憶初考：以黃蘗寺傳說與金臺結義為例〉，《臺南文獻》第 17 輯（臺南，2020），頁 152～163。

[12] 劉銘傳，〈建省略〉收錄臺灣銀行經濟研究室編，《劉壯肅公奏議》（臺北：臺灣銀行經濟研究室，1958），頁 289。
[13] 連橫，《雅言》（臺北：臺灣經濟研究室，1963），頁 35。
[14] Formosa，即臺灣島，多譯為「福爾摩沙」。
[15] 國姓成功，即鄭成功，原名森。之後因明隆武帝（唐王朱聿

來的軍隊墾殖。[16]

　　時至清季，臺灣府城內仍有仍流傳有關「紀念明鄭」或是「反清復明」的民俗信仰或儀式，其中較有名的有「太陽公信仰」、「九豬十六羊」、「朱府王爺」及「沙淘太子」等等。[17] 除了信仰傳承之外，臺南市區內仍有流傳著與明鄭相關的傳說，但與上述不同的是，這主要是標榜著「繼承明鄭遺緒」的天地會記憶。所謂的「天地會」，即漢留，又稱洪門、三合會等眾多名目（下文簡稱「天地會」），在清代中國、臺灣等地都有過

鍵，1602~1646）賜國姓「朱」，名「成功」。可能基於避皇帝名諱，鄭森均以「國姓」自稱。南明史籍與時人在紀錄此方面時，均以「國姓成功」來記述。故在此為尊重歷史事實，而不以清代以後之「鄭成功」稱之。另詳閱：查繼佐著，臺灣銀行經濟研究室編，《罪惟錄選輯》（臺北：臺灣銀行經濟研究室，1962），頁 133、135~136。

16　湯錦臺，《大航海時代的臺灣》（臺北：貓頭鷹出版社、果實製作，2001），頁 122。

17　太陽公，生日為農曆 3 月 19 日，隱喻闖王李自成（1606~?）攻破北京，迫使明思宗崇禎帝（1611~1644）自縊，故藉此紀念崇禎帝殉國；九豬十六羊則是配合臺南市的太陽公信仰，九豬意謂著「拯救大明朝」（閩南語諧音「九豬」同「救朱」），十六羊則意謂大明朝自洪武帝到崇禎帝等 16 位君主；朱府王爺，或朱王爺、朱府千歲，則是暗中紀念延平王國姓成功；沙淘太子，則是在權臣馮錫範（?~1683）等人發動「東寧之變」（1681）後，東寧監國鄭克臧（1662~1681）薨，明鄭軍民為感念鄭克臧，而特意以「太子爺」形象紀念之。參考自：連橫，《雅言》，頁 82。石萬壽，〈王爺信仰與延平王君臣關係之探討〉，《臺灣文獻季刊》60：01（臺北，2009），頁 201、230。鄭道聰，〈臺灣民俗中有關鄭成功傳說—九豬十六羊、公雞碗〉，《臺南文獻》第 15 輯（臺南，2019），頁 200~211。

局部或大規模的抗清運動，其中較爲人所知的口號有「反清復明」。[18]

　　有關天地會在臺南的記憶，可以分爲兩個面向，即臺南市區的人對天地會的傳說，以及天地會及其延伸組織傳承之與臺南有關的「會簿」（祕密會社文書）或祕傳口授之紀錄。然而，在臺南市民與天地會成員兩方面傳承中，又以「天地會起源」有關的傳說最令筆者感到興趣。這不僅是講述明清祕密會社在臺南的發展，而且也意謂著臺南市區在祕密會社傳統與民間記憶中有著「明鄭」、「反清復明」的文化元素，這無疑亦爲形塑臺南之「府城文化」的重要基礎之一。故有關天地會傳說的初步考探，筆者主要收集較著名的起源傳說與論述，分別爲「黃蘗寺」（或黃蘗寺僧）與「金臺結義」（金臺山）等。然而，在探討此議題時，筆者除會以民間傳說與天地會會簿與口傳資料爲核心外，更會對照清代留存至今的檔案以及學界前人研究資料分析、考證之，進而嘗試論述臺南市民（或府城人）與天地會成員如何將府城與天地會之間加強連結與建構，以此作爲本篇論文的論述基礎。

18　徐珂，《清稗類鈔選錄》（臺北：臺灣經濟研究室，1965），
　　頁 80~81、89、99。

貳、黃蘗寺傳說的虛與實

黃蘗寺傳說，又稱為「黃蘗寺僧」，即講述清代臺灣府城北門外寺廟——黃蘗寺之僧人預謀抗清的傳說。[19] 就目前文獻爬梳而言，本為臺南人的連橫（1878~1936）是最早以書面文字提出此論者。於連橫筆下，黃蘗寺傳說分別被寫在其著《臺灣通史》之〈列傳〉與〈宗教志〉二部分。連橫在〈宗教志〉的「佛教」部分，連橫則更詳盡地寫道：

> 清人得臺之際，寧靖王術桂闔家殉國，捨其居邸為寺。……當是時，鄭氏部將，痛心故國，義不帝胡，改服緇衣，竄身荒谷者，凡數十人，而史文不載。忠義之士，未得表彰，傷已！康熙二十九年，巡道王效宗、總兵王化行改建北園別墅為海會寺，霸業銷沉，禪風鼓扇，滄桑之感，能不慨然！自是以後，移民愈多，佛教漸盛。宏轉法輪，以開覺路。徽音古德，代有所聞。而黃蘗寺僧尤特出。[20]

---

19 范咸，《重修臺灣府志》（臺北：臺灣銀行經濟研究室，1961），頁 545。

20 連橫，《臺灣通史》（臺北：臺灣銀行經濟研究室，1962），頁 577。

天地會篇

另外在〈列傳〉書寫安排，將「黃蘗寺僧」之事歸在「勇士列傳」內，並記道：

縱橫之世，士趣公仇，恥私鬥，故人多尚武，以捍衛國家；及漢猶承其烈。……而我延平郡王又策勵之，遺風鼓盪，至今未泯。以吾所聞黃蘗寺僧之事，尤其著者。而事多隱滅，莫獲示後，則舊史之罪也。今舉其知者，著於篇。[21]

從此二部分連橫想表達的重點，首要為許多歷史記事在過去的地方志或相關史籍並未書寫，甚至刻意抹滅，因此他在書寫《臺灣通史》時欲將此遺事補上；其次，許多明鄭時期的府邸接轉變成佛寺；最後，在寧靖王朱術桂（1617~1683）殉國，大明正朔滅亡，許多明鄭遺民不願向作為「異族」政權的清帝國（daicing gurun, 1636~1912）投降，於是披上佛教僧侶服飾，遁入佛門。因此，連橫想要突顯的是，清初臺灣佛教的寺院與僧人，尤其是原明鄭首都承天府治所在的臺灣府城境內的，均留有濃厚的「明鄭遺風」。因此，連橫更道出黃蘗寺曾預謀抗清一事，主要內容為清乾隆中期的臺灣府知府蔣元樞（1738~1781），與黃蘗寺的不慧法師關係甚好。直到一日，朝廷發送密札，要求蔣元樞逮捕黃蘗寺的僧人，並得知與其交好的那位不慧法師是位「海盜魁」。於是蔣元樞奉旨行事，邀請不慧法師到衙署問

---

[21] 連橫，《臺灣通史》，頁 1003~1004。

訪。兩人在交涉過程中，不慧法師坦言寺內藏有兵卒、武器等，並指示徒弟們帶到衙署。最後不慧法師感嘆：

> 我祖為鄭氏舊將，數十年來久謀光復。臺灣雖小，地肥饒可霸。然吾不猝發者，以閩粵之黨未勁爾。今謀竟外洩，天也。雖然，公莫謂臺灣終無人者。[22]

由此可見，黃檗寺僧人與明鄭遺民與抗清運動有著密切關係。為了強調自身論證的合理性，連橫另外補述臺灣三大民變——朱一貴、林爽文、戴萬生等民間燒香結社與天地會之抗清事件都與佛教僧侶有密切關聯。有關連橫的論述與其史料使用之嚴謹性著實疑惑，其根據基礎為「代有所聞」與「事多隱滅」，可知其史料基礎為時人（清末日初的府城居民）口述。不僅連橫有此思維，在其後世幾代的臺南本地文人或史家，對黃檗寺仍有著與明鄭遺民、抗清運動之聯想，又以臺南名紳許丙丁（1899~1977）為代表。許丙丁曾以「綠珊盒」為筆名發表〈臺南黃檗（檗）寺僧與天地會八卦教〉一文，文中特別敘述：

> 其中黃檗寺，已於六十餘年前倒壞了。以後沒有重建，漸漸已被市民忘懷了。攷諸史誌，使我發生一個疑問，就是該寺建自康熙二十七年（西元一六八八）經過了相當的年代，關於該寺的題詠

---

[22] 連橫，《臺灣通史》，頁 577~578。

府縣誌藝文，除引馬子翊的臺陽雜興詩之「祆火曾焚黃蘗寺。劫灰新撤議赤崁城。」及戊午料舉人陳輝的鎮北門晚眺詩之「煙籠竹樹接沙舟。（北門外接洲仔尾。）夕照橫波海氣浮。樵子唱回雲影路。戍人吹角動聲秋。（北門外有校場）僧歸廢寺鐘常寂。（城外有黃蘗寺）燕喜澄潭水不流。（城潭有二潭）觸目郊原多景象。迷離草屋超重樓。（城外有地名畫樓仔）。」外，在臺灣縣誌臺灣府誌之藝文裡，都沒有發現，這該有個緣故。原來，左乾隆中葉，黃蘗寺僧曾鬧出一場天地會的大案，或許為了這個緣故以後修府縣誌的人，就忌諱而不敢再多引歌詠該寺的詩篇了。[23]

除了述說自身對黃蘗寺的疑點，許丙丁更從連橫《臺灣通史》對黃蘗寺的敘述有更進一步的想法，同樣在上述文中談到：

可惜鄭氏三傳，到了鄭克塽，僅歷二十三年，便被施琅擊敗，此時鄭氏部屬，白雲蒼狗，榮辱無常，自易引起反抗和厭世的思想，他的部下或改服緇衣，借假寺院作革命機關，俟機再舉，所以鄭氏滅亡後，在臺灣二百幾十年間，不斷有鼓吹民族精神，領導著漢人作反清復明的運動，一線

---

[23] 綠珊盒（許丙丁），〈臺南黃蘗寺僧與天地會八卦教〉，《臺南文化》3：2（臺南，1953），頁 29。

如縷，若隱若現，這都是鄭成功和陳永華等的思想訓練由天地會而八卦教所活動的來龍去脈。黃檗寺就是那先人血淚，民族革命艱苦奮鬥的象徵。清廷薄之，日人毀之，如今我們只有空空地憑弔了。[24]

從許丙丁的文章除了可見其對黃檗寺歷史的疑惑，但也可知曉其對黃檗寺的典故與聯想是發源自連橫《臺灣通史》的記述。許丙丁還更將黃檗寺視為傳承自國姓成功與陳永華（1634~1680）精神的民族革命機構，僧人則為明鄭舊部，這無疑是加深了黃檗寺與天地會之間的連結。然而，接續著連橫、許丙丁等人傳承下來的說法，時至近幾年，臺南市部分學者與文史工作者逐漸地將位在臺南公園內的黃檗寺遺址一帶定位為「天地會發源地」。甚至直接提及黃檗寺原為明鄭東寧總制陳永華的營宅，並談到曾有英雄好漢在陳永華宅旁的燕潭一帶燒香結盟，成立天地會。[25]

按上述有關黃檗寺的傳說，可見隨著時間推移，該傳說不斷地被人們所渲染、建構，雖然增加傳說的精采程度，但也使黃檗寺的歷史真相愈陷模糊。故回歸史

---

[24] 綠珊盒（許丙丁），〈臺南黃檗寺僧與天地會八卦教〉，頁30。

[25] 石萬壽，〈王爺信仰與延平王君臣關係之探討〉，頁 226。樂君石萬壽撰文，臺南市政府立，〈大北門遺址碑記〉（2007），置在臺南公園內。

料對黃蘗寺記述，該寺始建於清康熙 27 年（1688），曾在清康熙 31 年（1692）遭遇火災，並在隔年由僧人勸募重建。[26] 然而，黃蘗寺在歷史上確實曾遭遇干戈，甚至還扮演著關鍵角色，但該寺立場是與天地會站在對立面。換言之，黃蘗寺內的僧人並非明鄭遺民後裔或天地會成員，反而是效忠清帝國的軍人。根據《臺灣通志》記載：

> 周應遂，任鎮標中營把總。朱一貴亂，應遂與把總吳益光從右營遊擊。周應遂禦賊赤山，戰敗皆被擒。應遂道遇陳害救回。及府治陷，走黃蘗寺為僧，與千總康朝功，把總李光春、韓勝等謀為內應；事洩無功……。[27]

從《臺灣通志》可知，在清康熙 60 年（1721）朱一貴事件期間，由於府城很快地被朱一貴軍隊所占領。其中，清軍把總周應遂曾潛回府城，並扮成僧人躲藏在黃蘗寺內作為內應，並欲與清軍千總康朝功等人「裡應外合」剿滅府城內的朱一貴軍隊，但因事跡敗露而無法執行計畫。從這則記事再對照《臺灣通史》內的書寫，可說相似性極高。連橫寫作《臺灣通史》的時間為日治時期大正 7 年（1918），距離朱一貴事件已近兩百年，期

---

[26] 余文儀，《續修臺灣府志》（臺北：臺灣銀行經濟研究室，1962），頁 645。

[27] 臺灣銀行經濟研究室編，《臺灣通志》（臺北：臺灣銀行經濟研究室，1962），頁 558。

間故事透過口語輾轉流傳幾代人，過程中多少會有出入，而使口傳內容與史實紀錄有著一定的差異，但又會有幾則關鍵點相似。

　　因此，連橫根據聽聞而載記的黃蘗寺傳說，經比較分析後與清代方志記錄有一定的落差，更不用說受其影響的其他論述。同樣的，目前並無證據說明黃蘗寺內僧人有明鄭遺民或天地會成員存在，就個人淺見可能性並不高。先是天地會文獻方面，並未見有黃蘗寺的若干紀錄；反而是以少林寺、高溪廟與長林寺的書寫最為常見；[28] 再來是歷史文獻方面，包含地方志與清廷奏摺文書，筆者並未見有朝廷給蔣元樞的密札，更無有關黃蘗寺僧人不慧的紀錄；反之有好幾則奏摺文書記著有關「洪二和尚」、「提喜」的紀錄。[29] 雖然在天地會文獻內並未有府城北門外黃蘗寺的紀錄，但與臺灣相關的文字卻時常出現，尤以「國姓成功創立金臺山」之說更是流傳於天地會成員之間，直到今日。[30]

---

[28] 李子峯編，《海底》收入漢文起、劉燕達編，《中國會黨史料集成》第 3 冊（北京：北京圖書出版社，1999），頁 2195、2200、2271、2325。楊再江藏，李志強翻攝，《明復順勿難達理　正是潛居雅道時　落花圖》（1828），頁 1~5。

[29] 臺灣銀行經濟研究室編，《清高宗實錄選輯》（臺北：臺灣銀行經濟研究室，1964），頁 648、653~656。

[30] 王進發、劉康毅、王明中，《最後的漢留》（臺北：逸文出版社，2009），頁 42。

天地會篇

圖 1：臺灣首廟天壇供奉的關帝爺像，爲目前見證清代黃蘖寺的唯一文物。（資料出處：筆者攝，2020 年 2 月28 日）

圖 2：臺南公園的燕潭，黃蘖寺故只在附近，潭畔是傳說天地會成立地點之一。（資料出處：筆者攝，2020 年2 月 25 日）

圖 3：位在臺南公園東側的〈大北門遺址碑記〉，內有
記述黃蘗寺故事與英雄好漢結盟成立天地會的經過。
（資料出處：筆者攝，2020 年 2 月 25 日）

天地會篇

參、「金臺結義」：虛實、記憶與傳承

　　除了以連橫爲代表的臺南人逐漸將黃蘗寺添上濃厚的天地會色彩之外，甚至將此地形塑爲天地會的發源地。然而，在天地會與甚至在四川省一帶盛行的哥老會（又稱袍哥，亦自稱「漢留」）內部亦有留傳有關發源傳說，即「金臺結義」，或稱爲「金臺山」、「天地會始源明鄭」，並記載在一本名爲《金臺山實錄》的祕密會簿內。[31] 根據近代天地會或洪門文獻，金臺山爲國姓成功占領臺灣後所創的漢留山頭，是爲天地會之始。[32] 誠如民國 29 年（1940）朱琳撰之《洪門志》之〈歷代山堂會社考〉記載：

> 洪門開山立堂，由鄭成功起，以後凡懷有大志，負具聲望者，都相繼開山立堂，以圖發展，茲將歷代山堂會社，查有根據者敍述如左：

> 金臺山：順治十八年，辛丑，由鄭成功在臺灣開立（訂有律規）。[33]

---

31 王進發、劉康毅、王明中，《最後的漢留》，頁 42。秦寶琦，《洪門真史》修訂本（福州：福建人民出版社，2004），頁 4~5。王笛，《袍哥：1940 年代川西鄉村的暴力與秩序》（北京：北京大學出版社，2018），頁 39~41。

32 劉師亮，《漢留全史》收入濮文起、劉燕達編，《中國會黨史料集成》第 2 冊，頁 1151~1155。連橫，《臺灣通史》，頁 819~820。

33 朱琳，《洪門志》收入濮文起、劉燕達編，《中國會黨史料集

基本上，目前所見的近代洪門文獻多奉國姓成功爲創始人。然而，有關「金臺結義」一事的考證，臺海兩岸學者研究甚多，並分爲兩種不同的論述方向，即支持與反對二方。

　　支持者以連橫、溫雄飛與蕭一山等爲代表，連橫在《臺灣通史》未明確交代出處，可能耳聞自在地口傳，並認爲「天地會者，爲延平郡王所創，以光復明室者也。」；溫雄飛在其著《南洋華僑通史》以影射推論法重新解讀天地會內部的「西魯傳說」（或稱「火燒南少林」），並認爲傳說中的天地會創始人「萬雲龍」即國姓成功，而香主「陳近南」即陳永華；蕭一山則是根據大英博物館藏之天地會會簿做研究，基本上認同溫雄飛的論點，並撰有〈天地會創始於鄭延平〉一文，但蕭一山更強調天地會是由陳永華麾下的明鄭舊部延伸而成。[34] 反對者則以莊吉發、秦寶琦等爲代表，兩人的共同點都是根據清宮檔案解讀天地會的形成。尤其秦寶琦是林爽文事件的供詞得出天地會的成立時間應爲清乾隆26 年（1761），是由福建省漳浦縣高溪觀音亭僧人洪二和尚（法名提喜，法號萬雲龍禪師，俗名鄭開）所創。

成》第 1 冊，頁 18。
[34] 連橫，《臺灣通史》，頁 819~820。秦寶琦，《洪門真史》修訂本，頁 5。莊吉發，〈鄭成功與天地會的創立傳說〉收入莊吉發編，《清史論集》第 11 冊（臺北：文史哲出版社，2003），頁 10~12。

莊吉發則認爲，目前在臺北的國立故宮博物院與北京的中國第一歷史檔案館所藏之史料並無直接證據表示天地會發源於臺灣，並認爲天地會起源於臺灣，創始者爲國姓成功，繼承者與組織者爲陳永華等說，均爲「神話中的神話」。[36] 此外，莊吉發認爲明鄭與天地會之間會有連結，可能與清末革命黨宣傳「反清」與國共內戰後退守臺灣的中華民國政府因政治需要而強化此說。[37]

不論是支持或反對，這些研究都是學界前人根據史料的嚴謹論證，但這些說法主要著重在現有文本資料，而未有論述天地會的口傳文化與其背後典故。然而，研究祕密結社（下文簡稱「祕社」）最困難的地方，無疑在於清帝國官方檔案資料與天地會組織傳承會簿所透露的資料都有著相當的侷限性，即使有收錄到天地會成員的供詞，但內容是否屬實，是否爲天地會內部的眞實面貌。就個人淺見，諸說其實都還有待商榷。對此，筆者較贊同荷蘭漢學家田海（Barend J.ter Haar）的論點，其在解讀清帝國官方文書時，並不會單純地將天地會成員口供所談人名視爲眞實人物，他認爲這些「人名」只是天地會成員從其上級收到的訊息而建構的「形象」，進而再將這些「形象」附會到某一個眞實人物身上。[38] 像是林爽文事件的首要者嚴煙口供裡談到的

---

[35] 秦寶琦，《洪門真史》修訂本，頁 19~21。

[36] 莊吉發，〈鄭成功與天地會的創立傳說〉，頁 15。

[37] 莊吉發，〈鄭成功與天地會的創立傳說〉，頁 14~16。

[38] 田海（Barend J.ter Haar）著，李恭忠譯，《天地會的儀式

「萬和尙」或「萬和尙涂喜」（即提喜），很可能只是神話人物或是某位天地會成員（甚至更多人物形象的集合）的形象，但在若干情形中，會附會到某些眞實人物上。因此，若單以官方檔案或以會簿解讀祕社發展，則會有片面誤差。[39]

　　若要準確的定位祕社的發源時間與傳播方式，就目前而言還是很難有肯定的答案。因此，有關「金臺結義」的源由，不能單因「建構渲染」的會簿傳說或是「刑求而來」的官方口供作爲單一憑據，而認定此事件之虛實。對此則需重新探討祕社傳承歷史的重要關鍵，就個人淺見，不立文字的「口傳心授」是祕社傳承的關鍵方法。[40] 就目前所見的天地會會簿雖都爲口傳文字化的表現，但可能基於被清帝國官方查組，而使會簿內有關人物或是地點各有不同，也使每個天地會山頭的會簿會有「大同小異」之處，尤其是表現在天地會堂口所在省份方面。像是傳說天地會發源地的「高溪廟」，廣西壯族自治區楊氏族人傳承的天地會會簿——《落花圖》稱此廟位在廣東省高州府；而天地會洪順堂會簿——《錦囊傳》則記載位在福建省雲霄縣。[41] 然而，被

　　與神話》（北京：商務印書館，2018），頁18~19。

[39] 田海（Barend J.ter Haar）著，李恭忠譯，《天地會的儀式與神話》，頁18。

[40] 王進發、劉康毅、王明中，《最後的漢留》，頁16。

[41] 楊再江藏，李志強翻攝，《明復順勿難達理　正是潛居雅道時落花圖》，頁5。天地會洪順堂，《天地會洪順堂錦囊傳》收入濮文起、劉燕達編，《中國會黨史料集成》第3冊，頁

標榜爲天地會發源地——金臺山，也就是以明鄭之承天府（臺南市）爲統治核心的臺灣，並未留有所謂祕傳會簿或是相關文字資料，目前所見的臺灣洪門的會簿，絕大多民國 38 年（1949）以後來臺灣的「中國大陸山頭」的會簿（稱《海底》或《金不換》）。

時至近年，原址位在嘉義縣民雄鄉虎尾寮劉氏古厝的洪門金春山勤習堂（多自稱「漢留天地」或「萬氏家族」）才逐漸公開部分祕傳口授詩文，其中以〈流民詩〉爲代表性。該詩文中，除了闡述該金春山的核心宗旨外，更是說明金春山的歷史源流。像是〈流民詩·甲〉記道：

> 金臺山頂天地明，明倫堂上文仕忠，明遠堂中武將義，勤習堂下豪傑士。[42]

另一首詩文——〈流民詩·乙〉內容爲：

> 五湖四海山川道，龍虎鳳玄自由行；萬氏一心傳忠義，天地方圓守信禮。山竹清香敬師門，三綱五常大宗法；廳前日月乾坤照，堂內拳掌合和明。青龍白虎兩班朝，朱鳳玄武前後興；金臺結義英雄漢，勤習武技壯山河。[43]

2816。
[42] 王進發、劉康毅、王明中，《最後的漢留》，頁 41。
[43] 王進發、劉康毅、王明中，《最後的漢留》，頁 42。

從此兩首〈流民詩〉可知，基於祕傳口授的金春山是源自傳說中天地會的第一座山頭——金臺山，而且在詩文中不斷出現敬重師門、信守禮法與傳承忠義等精神意涵。在〈流民詩・甲〉更有著「藏尾詞」，即「明忠義士」，似乎透露著金春山傳承自金臺山，而金臺山的創始與傳衍都為明朝的忠義之士，並談到當時金臺山的組織化：明倫堂為文官，明遠堂為武官，勤習堂則為江湖人仕（即百姓或地方頭人）。另外，〈流民詩・乙〉則表現出祕社運作的過程，除了上述提及的精神意涵外，更強調「金臺結義英雄漢」，表示著金春山的師脈傳承，是來自傳說偕同國姓成功結義，開創金臺山的英雄人物。

不僅留有兩首〈流民詩〉，金春山仍保有金臺山在香堂儀式上傳承的〈開山令〉，內容為：

> 開山見主十二口，祖師三來五祖現：金臺勤習大明道，何安一平張忠義。[44]

從此亦可見金春山與其他天地會或洪門山頭一樣都標榜著「五祖」的傳承與「金臺山復興大明」的精神，但特殊的是此詩談及「何安一平張忠義」，意謂著金臺山自開創後傳承分別為何安、劉一平、張忠與張義兄弟，在

金春山傳統內另與郭東、林一並稱「六大爺」。[45]

　　在金春山口授傳承裡，自國姓成功金臺結義，開立山頭後，其中國姓成功麾下的張忠便為勤習堂的傳承者之一。明永曆 37 年（1683）8 月，明鄭降清，此後原金臺山所屬之文武堂口可能隨明鄭官制的逝去而解散，僅剩由不願降清的明鄭文武官員與百姓組成的勤習堂祕密傳承，並由「明」轉為「暗」，轉型成地方武館。此後，由金臺山勤習堂傳承之武館有所謂「明館」（一般授拳）、「暗館」（祖傳授拳）與「祕社」（金臺結義的漢留傳承）。[46] 時至清道光 12 年（1832），在今日嘉義縣與臺南市一帶爆發張丙事件，金臺山勤習堂第六代傳人張猛因故得罪張丙，而導致與張丙勢力產生衝突，過程中勢力大減，迫使金臺山勤習堂殘部由南北避至西螺，之後由打貓（今嘉義縣民雄鄉）門人劉孟三郎、劉念五、劉啓宇等重新號召原金臺山勤習堂勢力集結，遂後漸形成由打貓劉氏為主體的山堂——「金春山」，並以打貓黃厝底為根據地（原地址為嘉義縣民雄鄉虎尾寮 7 號金春山劉氏古厝）。[47] 時至今日，金春山以「嘉義縣金春山勤習堂民俗運動推廣協會」社團持續傳承金臺山的

---

[45] 王進發、劉康毅、王明中，《最後的漢留》，頁 27~28、70。

[46] 王進發、劉康毅、王明中，《最後的漢留》，頁 41~42。口訪：王明中先生，時間：2020 年 3 月 7 日，地點：嘉義縣金春山勤習堂民俗運動推廣協會。

[47] 王進發、劉康毅、王明中，《最後的漢留》，頁 48~49。劉康毅，《祭棍：臺灣「萬氏家族」「漢留文化」傳承四百年的故事》，頁 86。

「漢留」精神。

　　雖未像其他山頭留有文字之會簿的留存，但以口授爲基礎的祕密傳承也是金春山傳承歷史記憶的重要渠道。除了不能否定傳承的內容的重要性，但亦無法確知傳述過程產生的變化與眞實性，甚至有受傳承者意志而導致失眞的可能性。不過，從該山頭傳承之〈流民詩〉內容，不僅比其他天地會會簿的內容來的深刻，甚至也清楚地闡明所謂「明鄭統治臺灣」與「金臺結義」的記憶連結，以及清代有「金臺山傳承」的本地祕社組織傳承「漢留思想」與「反清思維」的重要性，甚至到今日，金春山傳人仍對曾爲承天府治的臺南市有著情感連結與祕社文化的具象期待。像是「全臺首學」之臺南孔子廟明倫堂，在祕社傳承的記憶寄託中，爲標榜明朝正統的文官學府，同時也是「金臺結義」後明鄭文官與國姓成功之間的「忠義情誼」。[48]

---

[48] 口訪：王明中先生，時間：2020 年 3 月 7 日，地點：嘉義縣金春山勤習堂民俗運動推廣協會。

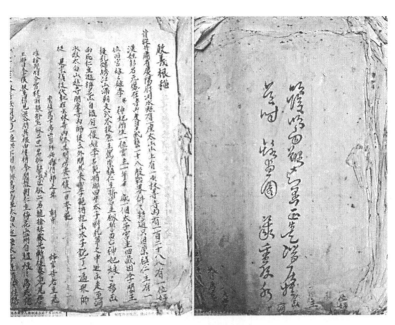

圖 4：《明復順勿難達理　正是潛居雅道時　落花圖》，簡
稱《落花圖》，爲清代廣西天地會的祕傳會簿，根據中
國學者秦寶琦教授考證，該會簿製造於清道光 8 年
（1828），被其稱作「洪門楊氏抄本」或「廣西田林縣
楊氏抄本」。該會簿内書寫有火燒少林寺（西魯傳説）、
萬雲龍與五人（五祖）結義創天地會故事，但並未提及
臺灣。（資料出處：《落花圖》眞本爲廣西壯族自治區田
林縣楊再江先生藏，陝西省延安市李志強先生翻攝提
供。説明出自秦寶琦，《洪門眞史》修訂本，頁 21）

圖 5:「全臺首學」之臺南孔子廟明倫堂內廳，初為時
任東寧總制陳永華設置。(資料出處：筆者攝，2020 年
3 月 8 日)

肆、結語

　　天地會，別稱「漢留」、「洪門」等等，為家喻戶曉的抗清祕密社群，自三百多年前發起至今，都與臺南市脫離不了關係，或是說都與明鄭有著緊密連結。即使根據史料判斷，「黃蘗寺傳說」並非明鄭殘部或天地會的根據地，反而是朱一貴軍隊攻陷府城後被曝光的「清軍反攻計畫」才是歷史真相，然而始作俑者連橫的建構依據亦來自當時代人們的文化記憶與認知；另有關「金臺結義」的真實性也是眾說紛紜，並有仰仗天地會會簿的支持者與專研清廷官方檔案的反對者，但對像是以金春山勤習堂為例的祕社傳承而言，「金臺結義」是永遠是真實的精神存在。

　　因此，本論文例舉之「黃蘗寺傳說」與「金臺結義」，姑且不談其中的歷史虛實、真偽，在這些故事的建構與口授的傳承都是反映出府城人（臺南人）與天地會成員對臺南這塊土地與文化記憶的想像。從近四百年的臺灣歷史見得，雖然開闢今日臺南市者為荷蘭聯合東印度公司，但目前生長在這塊土地的人們卻多為傳承漢人文化的群體，而漢人在臺灣大規模的墾殖又始源自明鄭政權與之麾下軍隊。因此，明鄭為開啟漢人文化在臺灣傳承的起始，更使臺南一躍成為漢人文化的「祖源地」，並在時間的洗禮下，逐漸使臺南在臺灣人的記憶中建構出「臺南－漢文化」的特殊連結。

即使明鄭的短暫統治後是迎來作爲「異族」（非漢族）清帝國，這並無法使以漢人作爲主體的人們將臺南轉化爲「滿清文化中心」，而是將故國（明鄭）與其他與「反清」相關元素（如天地會），進而與臺南或府城產生直接連結。這也不難想像，連橫在《臺灣通史》內會特別將未被謹慎考證的「黃蘗寺傳說」納入其所信仰的「歷史眞實」，以及天地會乃至今日洪門各山頭都在各自的《金不換》、《海底》、〈流民詩〉等會簿傳承著「國姓成功創立天地會」或「金臺結義」的起源傳說。

徵引資料

- 楊再江藏，李志強翻攝，《明復順勿難達理 正是潛居雅道時 落花圖》（1828）。藏於廣西壯族自治區田林縣楊再江先生宅，陝西省延安市李志強先生翻攝提供。

- 王笛，《袍哥：1940 年代川西鄉村的暴力與秩序》。北京：北京大學出版社，2018。

- 王進發、劉康毅、王明中，《最後的漢留》。臺北：逸文出版社，2009。

- 田海（Barend J.ter Haar）著，李恭忠譯，《天地會的儀式與神話》。北京：商務印書館，2018。

- 石萬壽（樂君）撰文，臺南市政府立，〈大北門遺址碑記〉（2007），置在臺南公園內。

- 石萬壽，〈王爺信仰與延平王君臣關係之探討〉，《臺灣文獻季刊》60：01（臺北，2009），頁197~232。

- 查繼佐著，臺灣銀行經濟研究室編，《罪惟錄選輯》。臺北：臺灣銀行經濟研究室，1962。

- 范咸，《重修臺灣府志》。臺北：臺灣銀行經濟研究室，1961。

- 徐珂，《清稗類鈔選錄》。臺北：臺灣經濟研究室，1965。

- 秦寶琦，《洪門眞史》修訂本。福州：福建人民出版社，2004。
- 連橫，《雅言》。臺北：臺灣經濟研究室，1963。
- 連橫，《臺灣通史》。臺北：臺灣銀行經濟研究室，1962。
- 湯錦臺，《大航海時代的臺灣》。臺北：貓頭鷹出版社、果實製作，2001。
- 綠珊盒（許丙丁），〈臺南黃蘗寺僧與天地會八卦教〉，《臺南文化》3：2（臺南，1953），頁29~32。
- 臺灣銀行經濟研究室編，《臺灣通志》。臺北：臺灣銀行經濟研究室，1962。
- 臺灣銀行經濟研究室編，《劉壯肅公奏議》。臺北：臺灣銀行經濟研究室，1958。
- 臺灣銀行經濟研究室編，《清高宗實錄選輯》。臺北：臺灣銀行經濟研究室，1964。
- 劉康毅，《祭棍：臺灣「萬氏家族」「漢留文化」傳承四百年的故事》。臺北：逸文武術文化，2018。
- 鄭道聰，〈臺灣民俗中有關鄭成功傳說－九豬十六羊、公雞碗〉，《臺南文獻》第15輯（臺南，2019），頁200~211。
- 濮文起、劉燕達編，《中國會黨史料集成》第1~3冊。北京：北京圖書出版社，1999。
- 口訪：王明中先生，時間：2020年3月7日，地點：嘉義縣金春山勤習堂民俗運動推廣協會。

「下淡水番婦」金娘與被遺忘的天地會女性祖師

壹、前言

　　不論是清帝國（daicing gurun, r.1644～1912）官方眼中的「下淡水番婦」或是天地會認知的「仙姑」、「女軍師」與「一品柱國夫人」，屬鳳山八社平埔族（馬卡道人）身分的金娘（1747～1788）無疑是除了作爲臺灣天地會盟主大元帥林爽文（1756～1788）、南路洪號大元帥莊大田（1734～1788）與「王勳大哥」（王芬，1754～1787）[49] 之外，近期林爽文事件（1786～1788）議題中較爲有名氣的歷史人物之一。

　　文學與戲曲影響方面則有「流氓教授」林建隆老師寫作的《刺桐花之戰：西拉雅臺灣女英雄金娘的故事》與由明華園玄字劇團改編林建隆作品的歌仔戲——《刺桐花之戰：臺灣女英雄金娘》，另有黃冠維爲首的古都木偶戲劇團改編廣播劇與史書之《臺灣風雲錄：女豪傑》（2019 臺南藝術節）。[50] 就金娘爲題材之歷史研

---

[49] 「王勳大哥」：此爲王芬故鄉蘇園對其之親稱，尊稱爲「福興公」。

[50] 林建隆，《刺桐花之戰：西拉雅臺灣女英雄金娘的故事》（臺北：圓神，2013）。屏東演藝廳，「12/19 明華園玄字戲劇團

究而言，尤其近幾十年間有臺灣史學家戴寶村教授與其團隊成員、國立臺灣師範大學臺灣史研究所碩士杜曉梅、臺南藝術大學藝術創作理論研究所博士生兼也品文藝工作室負責人張凱惠，以及國立成功大學歷史學系博士候選人兼武峯文史工作室成員毛帝勝等人，均個別在其著作中提到金娘，敘事方面多以清帝國宮中檔案與各府、縣方志為核心陳述，惟張凱惠有特別加入傳說推論。[51]

然而，近兩年來（2019 至 2021）筆者針對金娘的身分議題進行深入探討，並嘗試打破過去既於官方資料陳述的侷限性。換言之，本研究即從前人對金娘的既有歷史認知為出發點，再結合過去前人忽略的重要文書再進一步進行探討，而此「被忽略文書」即當時與金娘十

《刺桐花之戰：臺灣女英雄金娘》」（2015），屏東縣政府文化處（https://www.cultural.pthg.gov.tw/p01_2.aspx?ID=2362&KIND=1），最後瀏覽時間：2021 年 3 月 30 日。古都木偶戲劇團，「臺灣風雲錄：女豪傑」，古都木偶戲劇團官方粉絲團（https://reurl.cc/nnXM08），最後瀏覽時間：2021 年 3 月 30 日。

[51] 戴寶村編，蔡承豪、李進億、陳慧先、莊勝全著，《小的臺灣史》（臺北：玉山社，2012）。杜曉梅，〈清代臺灣原住民女性人物與形象研究〉（臺北：國立臺灣師範大學臺灣史研究所碩士論文，2017）。張凱惠、Anna Chen 編著，《爽文你好嗎》（南投：也品藝文工作室，2018）。毛帝勝，《初探萬丹史事》（屏東：香遠出版社，2016）。毛帝勝，《找尋被遺忘的萬丹歷史與記憶》（屏東：屏東縣萬丹鄉藝術文化協會，2020）。

分密切的祕社組織——天地會的內部文獻，會內成員多以「會簿」、「金不換」或「海底」稱之（以下均已「祕社會簿」敘述）。有關天地會會簿的「史事」敘述，內容可謂晉乘楚杌，眞假均摻。若要理解祕社會簿的「眞實」內容，本研究在此藉鑒民初歷史學者溫雄飛在其著作《南洋華僑通史》中論及祕社會簿與傳說其創造並使用的方法論——「影射推求」。從溫雄飛的論點而言，祕社會簿裡講述的「萬雲龍」爲南明延平王鄭成功（1624～1662），「陳近南」爲東寧總制陳永華。儘管溫雄飛並未詳述其方法依據的辯證，而造成後世史學家，如秦寶琦、莊吉發等人的質疑，但仍無損其方法論的可參考價值。[52]

由於祕社會本的記述多具神話色彩，但其中名姓與稱謂部分，多有提及「金娘」、「金氏娘娘」、「祖母金氏娘娘」、「金氏國太」與「正宮」之稱，而且又與清乾隆時期的「天地會人物」並列，而對此有相當疑惑與促成本研究欲探究之誘因。[53] 故筆者以溫雄飛「影射推求」的精神，再結合祕社會簿與清帝國中央與地方的檔案文字對金娘其人的敘述，嘗試重新建構金娘的生平與

---

52 秦寶琦，《洪門真史》修訂本（福州：福建人民出版社，2004），頁 5。莊吉發，〈鄭成功與天地會的創立傳說〉，收入莊吉發，《清史論集》，第 11 冊（臺北：文史哲出版社，2003），頁 10-12。

53 天地會洪順堂，《天地會洪順堂錦囊傳》，收入漢文起編，《中國會黨史料集成》，第 3 冊（北京：北京圖書館出版社，1999），頁 2892。

再定義其歷史地位。

貳、清帝國官方文獻對金娘的紀錄

　　清帝國官方有關金娘的紀錄主要有兩種，分別是
屬中央性質的宮中檔案與屬於地方性質的方志資料。尤
其宮中檔案內容相較臺灣各方志更接近歷史第一現場，
其中較具價值者爲戰報、實錄與口供，另有《欽定平定
臺灣紀略》與《平臺紀事本末》（即《臺案彙錄甲集·
紀莊大田亂》內文）便完整說明林爽文事件的爆發與被
清帝國「平定」的緣由。[54] 臺灣地區的方志則是將過
去的歷史事件做簡要的交代，相較宮中檔案而言較能夠
快速瞭解事件背景與史事完整情形，有些紀錄則是直接
將時人寫作該事件的紀事直接轉引使用。關於最早記載
金娘生平的直接紀錄，最相關者無非是在林爽文事件
後，即清乾隆 52 年（1787）舊曆 6 月 6 日，金娘等人被
捕後至順天府（今北京市）的口述記錄。[55] 根據《明
清宮藏臺灣檔案匯編》收錄的〈金娘口供〉記載：

54　不著作人，《欽定平定臺灣紀略》（臺北：臺灣銀行經濟研究
　　室，1961），頁 340-341。不著撰人，〈附：紀莊大田之
　　亂〉，《臺案彙錄甲集》（臺北：臺灣銀行經濟研究室，
　　1959），頁 233-251。
55　陳雲林主編，《明清宮藏臺灣檔案匯編》，第 75 冊（北京：
　　九州出版社，2009），頁 264。

金娘供。我係鳳山縣上淡水庄社番。現年四十四歲。父母已故。並無兄弟。男人洪標死有七八年了。並無生有兒女。我于三十二歲上因患病。從過番婦賈那學習畫符醫治。後來我替人治病。又有鳳山人林乞替我編寫請神治病的經傳。那林乞死過三四年了。今年正月內。有林爽文的大元帥莊大田。因他兒子患病請。我去畫符醫治。就叫我在打狗港祭神保佑他們出陣又替他們醫好了幾個同夥的人。莊大田封我為女軍師。到三月初間莊大田兒子莊天位要我攻鳳山。我就假說有神助戰。莊大田又叫我畫符哄騙眾人稱作仙姑。後來攻破鳳山。眾人越發信我的法術。……到四月二十邊。莊大田又將林爽文仍札諭給我。封我做一品夫人。其實我還沒見過林爽文的面。也沒入過天地會……。[56]

（句讀為筆者加註）

從這則口供可知金娘陳述的早年生涯與結識莊大田、參與天地會陣營的過程，以及其個人在林爽文事件與天地會、盟主大元帥林爽文的關係，於此不贅說明史料引文的生平內容。然而在解讀這份口供時，儘管這是目前最接近金娘本人在歷史現場留下的直接史料，但亦需理解

---

[56] 陳雲林主編，《明清宮藏臺灣檔案匯編》，第 75 冊，頁 266-267。

這份史料的「製造」緣由，即「問供」而來。

　　口供的「製造」過程中，審訊者與抄錄者是否有以刑求或其他方法從金娘口中得到相關資訊，或是以引導式問話與當時金娘的心理狀態而得出結論，是否「屬實」，仍有待商榷。誠如清史學者莊吉發所言：「間接史料與直接史料經過比較後，即可發現直接史料的可信度遠在間接史料之上，各種零散的有關證據，也是名目繁多。口供是受審者的口頭交代，清代重大案件的要犯，多留有供詞筆錄或供詞單，各式的供單就是重要的證據，將各種零散的供單互相比較後，方能進一步的歸納綜合。」[57] 因此，在這種具有「歷史現場」意義或直接史料性質的資料，得再將金娘之同夥供詞進行交叉比較，像是金娘晚年的「乾弟」林紅的口述亦能補闕這不足的歷史資訊。林紅對金娘記憶的口述：

> 林紅供。我年二十八歲。原籍仙遊縣。父母俱故。並沒兄弟。……四十五年到臺灣。在鳳山淡水社居住。原認這番婦金娘做乾姊。跟他學畫婦治病。去年纏與他通姦到今年正月。莊大田請金娘做軍師。我也跟了同去。每次攻城打仗。金娘叫我在旁打鼓。他帶一把劍念咒請神。莊大田又給我一把半斬刀幫著他們虛張聲勢。……我原不

---

[57] 莊吉發，《清史論集》，第 10 冊（臺北：文史哲出版社，1997），頁 240。

會打仗。不過跟著金娘打鼓助勢。實在沒有受過偽職。……我都叫不出他們名姓。我並沒有入天地會。實在供不出會內多少人。只求饒刑。[58]

從這份供詞可知，清帝國官員取這些抗清者的供詞時確實有加以刑求。但就作為天地會女軍師、一品夫人的金娘之乾弟、情夫與學徒的林紅，在這份供祠僅有強調其在金娘身邊的生活瑣事，並同金娘一般，撇清自己與天地會之間的關係，並表示不會有任何關於該會內部的供詞能給予清廷。除了清廷方面審訊的供單、供詞之外，同樣在事件第一現場的官員、軍人與朝廷之間往來的公文也是重要訊息來源。但可惜的是，《明清宮藏臺灣檔案匯編》內收錄審問供詞前的金娘紀錄，多為金娘被清軍逮捕後，從臺灣到泉州、京師順天府的過程以及最後其與林紅等人在清乾隆 52 年（1787）舊曆 8 月 3 日被處決的紀錄。[59]

除了最接近歷史現場的宮中檔案外，之後的文官將整場事件有關的直接史料系統化的整理，以梳理整場事件的來龍去脈，故具有相當高的參考價值。像是《欽定平定臺灣紀略》，為收錄清廷官員議事奏書與文官對林爽文事件的發生情況進行針貶。該書第 20 卷便收錄

---

[58] 陳雲林主編，《明清宮藏臺灣檔案匯編》，第 75 冊，頁 271-272。

[59] 陳雲林主編，《明清宮藏臺灣檔案匯編》，第 75 冊，頁 271-272。

當時處理林爽文事件的逮捕金娘的官員──常青的奏本，當中除了向乾隆皇帝報告「進剿莊大田陣營的狀況」以及對「番婦女軍師金娘的生平簡要說明」，其中記載：

（乾隆五十二年五月）初十日差探，距府二十里內外之鯽魚潭、南潭、中洲、虎尾寮等處，俱各有賊二、三千，分踞要路。並據前已投誠之莊錫舍差人密稟臺灣道府，賊首莊大田帶領番婦女軍師人等，亦同在眾賊屯聚南潭之內，可以協力擒拏。臣即於十一日黎明，親自統率將弁帶領粵省兵二千名，飛速前往勤捕。賊眾未及準備，俱各驚竄。官兵向前沖擊，鎗砲打死賊匪並殺死共五、六百人，奪獲賊械三十餘件。其時，莊錫舍亦帶同義民與官軍內外應合，當即生擒番婦金娘、賊犯林紅二名。其番婦現有顯神助戰旗號，且以符咒蠱惑匪類，以及隨同打仗之林紅，因姦勾結，俱應與已獲訊實之賊目王坑郎、楊章二犯，一並解京。……番婦金娘並林紅等犯，臣提齊研訊。緣番婦金娘平日以符咒治病，騙人錢財，適值南路賊匪莊大田等攻擾鳳山，即欲假其邪說，蠱惑匪眾，因以番婦為軍師，稱做仙姑，而番婦亦遂每次打仗執劍念咒，作此鬼蜮伎倆，欺弄鄉愚；並受林爽文一品夫人偽札。林紅前認番婦為姊，後與番婦通姦，並學其畫符治病，是

51

以打仗時跟隨番婦轎邊幫護。[60]

　　《欽定平定臺灣紀略》收錄常青的奏文，並無針對金娘的出生與籍貫做說明，但有講述其身邊的相伴的林紅，抗清以前的生活事業與加入莊大田陣營成為女軍師，最後被清軍逮捕的過程。另外，同樣將林爽文事件緣由交代並直接以敘事呈現的史書《平臺紀事本末》，對金娘的敘述可謂提綱挈領，該書中記載：

> 五月戊寅（十二日），常青督將士三千人親赴南潭，莊大田聞風先遁。常青擒番婦金娘、賊目林紅以歸。金娘，下淡水番婦，習符咒，為人治病。莊錫舍攻鳳山時，請為軍師，臨陣令其誦符咒祈神祐，軍中皆稱曰「仙姑」。鳳山破，皆推仙姑之功。林爽文偽封一品柱國夫人。林紅者，無他技能，與番婦私，每迎敵，隨番婦左右而已。莊錫舍既投誠，番婦歸大田。是時大田遁走，錫舍誘之同行，遂擒之以獻常青，檻送京師，伏法。[61]

雖未有金娘與林紅的口供與《欽定平定臺灣紀略》收錄的常青奏本說明的詳細，但《平臺紀事本末》的內容卻更能夠瞭解當時發生的情況與金娘的身分。不過稍有差

---

60 不著作人，《欽定平定臺灣紀略》（臺北：臺灣銀行經濟研究室，1961），頁 340-341。

61 不著作人，《平臺紀事本末》（臺北：臺灣銀行經濟研究室，1958），頁 35。

從教門發現歷史
天地會、天德聖教、天人教與西天大佛教　　　　52

異的部分，爲林爽文札封金娘的稱號，是否爲「一品柱國夫人」還有待商榷，因在金娘之口供與常青的奏本中是以「一品夫人」作爲其在天地會內的尊號。儘管內容有需探究之處，但《平臺紀事本末》的影響可以說超越了宮中檔案，爲清代臺灣府轄內方志與後世通史作者的記錄援引處。如清光緒年間成書的《鳳山縣采訪冊》收錄之〈勦平莊逆紀略〉、日治時期出版之《臺灣通史·林爽文列傳》，內文有關金娘的記述都是直接「抄錄」於《平臺紀事本末》。[62]

於此，筆者初步總結清帝國官方檔案對金娘的認知，即其本爲「下淡水番婦」，居住在鳳山縣下淡水的上淡水庄，[63] 早年生活困頓坎坷，其 32 歲時先後在番婦賓那與漢人林乞兩處學習醫治與法術，並以施法治病爲生。期間，收了林紅爲徒弟，兩人還產生情愫而「通姦」。因緣際會下，因爲醫治莊大田的兒子，而投身莊大田陣營成爲女軍師，後因戰功被林爽文封爲「一品夫人」。最終被常青於南潭一帶逮捕，並送入京師拷問口供，除了述說一生外，金娘還強調自己無見過林爽文，更無入天地會等說詞。

---

62 盧德嘉，《鳳山縣采訪冊》（臺北：臺灣銀行經濟研究室，1960），頁 404。連橫，《臺灣通史》（臺北：臺灣銀行經濟研究室，1962），頁 823-824。
63 上淡水庄：當時又作大木連社、上澹水社，今萬丹鄉社皮地區。

參、祕社會簿對「金娘」的記述與解構

　　祕社會簿，是傳承天地會內部資訊的重要文獻，其中穿插著許多「神話」與「傳說」敘述，不容易辨別當中真偽。[64] 天地會作為反抗清廷統治的地下勢力，故這些會簿文獻並非是絕對有效與能作為史事鑑別的直接依據，因此許多「祕傳」都以「口傳心授」，即以口述詩詞傳承，甚至在文字上進行「變造」，以掩人耳目。[65] 的有關祕社會簿對「金娘」的書寫，主要是以清道光 8 年（1828）廣西天地會楊家珍藏的《落花圖》、[66] 清末舊金山天地會洪順堂（今洪門致公堂）的《錦囊傳》以及清末民初人士「古燕李子峯」（化名）

---

[64] 田海（Barend J.ter Haar）著，李恭忠譯，《天地會的儀式與神話》（北京：商務印書館，2018），頁 18。毛帝勝，〈臺南市區的天地會傳說與記憶初考——以黃蘗寺傳說與金臺結義為例〉，《臺南文獻》，17（臺南，2020），頁 130。

[65] 王進發，〈金臺山勤習堂傳習錄〉，收入王進發、劉康毅、王明中，《最後的漢留》（臺北：逸文武術文化有限公司，2009），頁 16。

[66] 不著作人，《明復順勿難達理 正是潛居雅道時 落花圖》，簡稱《落花圖》，為清代廣西天地會的祕傳會簿，根據中國學者秦寶琦考證，該會簿製造於清道光 8 年（1828），被其稱作「洪門楊氏抄本」或「廣西田林縣楊氏抄本」。該會簿內書寫有火燒少林寺（西魯傳說）、萬雲龍與五人（五祖）結義創天地會故事，但並未提及臺灣。資料出處：《落花圖》真本為中國廣西壯族自治區田林縣楊再江先生藏，陝西省延安市李志強先生翻攝提供。說明出自秦寶琦，《洪門真史》修訂本，頁 21。轉引自：毛帝勝，〈臺南市區的天地會傳說與記憶初考——以黃蘗寺傳說與金臺結義為例〉，頁 134。

編纂的《海底》等文本爲根基。[67] 其中有幾個需探討問題，在此會作初步梳理，即這些祕社會簿所記載之「金娘」是否爲歷史上的「金娘」；再者，若此「金娘」即彼「金娘」，那麼其在天地會內的地位又爲如何呢？以下筆者針對此進行剖析與探討。

就祕社會簿敘述之「金娘」是否爲歷史上的金娘，從筆者這幾年的研究，初步推斷爲「不完全是」。誠如荷蘭籍史學家田海（Barend J.ter Haar, 1958～）曾在其著作《天地會的儀式與神話》針對天地會祖師——「萬和尚」的身分，從清帝國官方檔案與祕社會簿進行剖析，得出結論爲：

> 奏摺中關於兩位傳說中的祖師事件的信息，與事後不久搜集起來並保留在現存各份奏摺中的關於這些事件的信息不一致。關於這兩個與三合會歷史有著特別關係的事件，所有證據的都來自這份 1789 年的奏摺。將萬和尚視爲一個歷史人物，這一點實質。然而，我將在本研究過程指出，「萬」也是早期三合會知識所源自的神靈救劫（demonological messianic）範式中的一個重要因素，這表明萬和尚乃是一個神話中的形象。被審訊者很可能將該形象的相關信息投射到自己認識

---

[67] 古燕李子峯，《海底》；洪順堂，《天地會洪順堂錦囊傳》收入濮文起編，《中國會黨史料集成》，第 3 冊，頁 2175-2552、2920-2735。

的某個真實人物身上，但該形象並不是真實的那
個人本身。[68]

此意即天地會成員所知道的「人物」多為高層傳給底層
的形象塑造，再投射到某一真實人物上。換言之，天地
會內簿口傳中，「萬雲龍」、「萬和尚」與「萬提喜」等
均為該會「祖師」（或創始者）的表象稱號。雖有可能
為實際天地會首領人物被這些形象所賦予，但相反的，
這些人很可能本有一位「歷史原型」，而被該會於流傳
過程給加載了多重的人物形象與意義。因此從祕社會簿
所見有之「金娘」記述，很可能有一「金娘」的原型再
予以附會、建構，而成為天地會神話中的「金娘」或
「金氏娘娘」等「祖師」形象。

　　承上述之說，於清末祕社會簿《落花圖》、《錦囊
傳》與《海底》便有出現幾位曾在清宮檔案中寫明的歷
史地點與人物，地點主要為「高溪廟」與「觀音廟」，
而談到的人物都有個共同特徵，即幾乎為清乾隆時期的
天地會與會者，像是萬和尚、萬雲龍（又記：萬五道
宗、長林寺達宗和尚、和滿）、萬提喜（又記：雲龍禪
師、洪二和尚）、陳彪、金娘等人。[69] 然而這些祕社會

---

68 田海（Barend J.ter Haar）著，李恭忠譯，《天地會的儀式
　與神話》（北京：商務印書館，2018），頁 18。
69 不著作人，《明復順勿難達理　正是潛居雅道時　落花圖》，頁
　5、43。天地會洪順堂，《天地會洪順堂錦囊傳》，頁 2860-
　2861、2821、2897。

從教門發現歷史
天地會、天德聖教、天人教與西天大佛教　　　56

簿記載人物是否眞實存在於歷史，這是本議題的根本關鍵，因爲這意謂著祕社內部流傳的「金娘」與清乾隆時期生活在鳳山縣上淡水社的「番婦金娘」是否爲同一人。在此先以清帝國官方檔案作基礎，釐清所謂何人爲「歷史人物」。最後再以祕社會簿作列舉對照。

清乾隆時期，是「天地會」三字名目最早出現在歷史文獻上的重要時期，也爲目前史學界主流認知較有根據的天地會發祥之「歷史時間」。就史料而言，有關天地會成立的記述，最早見於林爽文事件後的奏摺。[70]換言之，可能是因林爽文事件的關係，而使清帝國自地方到朝廷開始留意到天地會的動向，並進行追蹤。其中，對天地會的起源，《清高宗實錄選輯》收錄福康安的奏報記載：

> 拏獲天地會內匪犯陳彪及首先傳會僧人提喜之子行義，嚴行訊究。據行義供：父提喜即洪二和尚，在觀音寺爲僧。行義本名鄭繼，後爲僧改名行義。伊父在日，曾教過三指訣，原爲誆騙銀錢，並無別故；亦未傳與別人。陳彪則堅供實不知洪二和尚傳自何人：必有不實不盡之處。且所供提喜已無其人及並未糾人入會之處，更爲狡展；現在徹底嚴究。[71]

---

[70] 不著作人，《欽定平定臺灣紀略》，頁 1019。
[71] 臺灣銀行經濟研究室編，《清高宗時錄選輯》（臺北：臺灣銀

另根據福康安對林爽文的「師父」[72] 嚴煙的口供：

> 天地會名目聞起自川省朱鼎元及李姓人（不知名
> 字）；兩家留下一個「洪」字暗號，呼為「洪二
> 房」。在廣東傳會者是萬和尚，俗名涂喜。又有趙
> 明德、陳丕、陳彪三人，從廣東到福建漳州詔安
> 縣雲霄地方，在張姓綽號「破臉狗」家居住；於
> 四十一年到平和縣勸令入會。

由此可看出，天地會「洪二房」（應為「洪門」前身）
在閩粵一帶創立者為俗名鄭開的僧人——「萬和尚」提
喜（別名：洪二和尚、涂喜），在林爽文事件後審問天
地會成員時，提喜亦已離世。[73] 提喜的傳承者除有其
子——僧人行義（俗名鄭繼）外，還有趙明德、陳丕、
陳彪等重要門人。其中，陳彪又引領嚴煙加入天地會，
以致在清乾隆 48 年（1783）天地會「洪二房」透過嚴
煙傳入臺灣。[74] 在這些清乾隆時期的天地會成員當
中，也有些人被日後天地會成員以口傳的方式留於幫會
記憶中，並在清末留於文字，成為祕社會簿重要的構成
傳說與神話。

行經濟研究室，1964），頁 653。

[72] 引其入天地會者。有關嚴煙引林爽文的入會經過，可另見：
臺灣銀行經濟研究室編，《東華續錄選輯》（臺北市：臺灣銀
行經濟研究室，1968），頁 36-38。

[73] 秦寶琦，《洪門真史》修訂本，頁 23。

[74] 不著作人，《欽定平定臺灣紀略》，頁 1020。臺灣銀行經濟研
究室編，《清高宗時錄選輯》，頁 631。

有關祕社會簿記載部分，在此本研究按照《落花圖》、《錦囊傳》與《海底》成書順序作依序說明。根據廣西天地會《落花圖》前述幾個人物的記載僅有萬提喜與金娘。書中〈啓義根苗〉部分記載：

> 巡江而上。走至高州府自城縣。有座山。山上有座高溪廟。廟內有一位長老。姓萬。名提喜。道號雲龍。係太平府太平縣太平莊人氏……。[75]

（句讀為筆者加註）

　　另在《落花圖》收錄的〈焚香詩〉部分則記有：

> 一炷寶香々連々。拜洪弟兄誓有。　二炷寶香々渺々拜。洪弟兄扶明朝。三炷寶香々連々。拜洪弟兄共一宗。眾弟兄跪起請神請章四伏。一炷具香二達上蒼。三請桃園結義。四請四城八將。五請中天五手且。六請六甲。七請七星北斗。八請雲龍文良。九請洪公金氏娘娘。十請十殿閻羅。[76]

（句讀爲筆者加註）

　　另外，在洪順堂收藏的《天地會洪順堂錦囊傳》收錄暗語之「一百廿八底」對金娘的記述爲：

[75] 不著作人，《明復順勿難達理　正是潛居雅道時　落花圖》，頁5。
[76] 不著作人，《明復順勿難達理　正是潛居雅道時　落花圖》，頁43。

少林寺內達宗公，結雲霧始創英雄；朱氏洪英皇太祖，金娘原是立正宮。……何開英雄為守府，陳彪豪傑並相同。[77]

　　先從《落花圖》可知，被視為天地會祖師的萬雲龍與萬提喜在此認定為同一人，所住地點為「高溪廟」，其餘像是「高州府自城縣」與「太平府太平縣太平莊」地點則明顯為偽造，因為在清帝國統治時的中國行政區內並無此處，而且從前術檔案可知，高溪廟所在地位於福建省。金娘的部分則未有特別書寫，僅有在〈焚香詩〉的請神咒語中談到「洪公金氏娘娘」，這人物所指對象是否為金娘尚不清楚，但就在此句前有「雲龍文良」，明顯指向天地會「始祖」萬雲龍或以「雲龍禪師」名義示眾的提喜和尚之真實歷史人物；再從《天地會洪順堂錦囊傳》的暗語中被稱為「正宮」的金娘與「豪傑的」陳彪等歷史上出現過的真實人物也被納入其中。[78] 如此意謂這些咒語或暗語內可能有奉請為「真實人物」的祖師，而間接證明其中紀錄之金娘的真實具有一定的可能。尤其近年，屬於天地會傳承的「漢留天地」——金臺山勤習堂與金春山，有從與中國巫家拳傳承的拳譜會簿中找尋到作為天地會祖師的巫必達（1751～1812），然而在其他洪門的祕社會簿，多將這位祖師

---

[77] 天地會洪順堂，《天地會洪順堂錦囊傳》，頁 2897。
[78] 古燕李子峯，《海底》，頁 2194、2201、2271。天地會洪順堂，《天地會洪順堂錦囊傳》，頁 2897。

記載爲「桃必達」、「逃必達」或「姚必達」，被視爲天地會的「後五祖」之一。[79]

將祕社資訊與上述清帝國的檔案並陳探討，可以知道像是會簿裡出現的「萬提喜」、「洪二和尙」、「萬和尙」等稱謂很可能是清乾隆年間將天地會從「萬氏集團」轉型爲「洪二房」並在閩粵地區流傳的重要人物——鄭開；[80] 祕社會簿寫到的「陳彪」，也就是福康安上奏乾隆皇帝時所提及的天地會重要人物。[81] 可以說，祕社會簿內文呈現的訊息不見得完全虛構或是純粹爲後人想像的傳說敘事，換言之，當中出現的人名、地點等蛛絲馬跡更是值得留意的重要線索。因此，有關祕社會簿中敘述「金娘」或相關詞彙的部分都當特別留意，因

---

[79] 巫必達祖師：福建汀州府連城人，爲湖南省「巫家拳」的創始人，意爲清初天地會的重要人物之一，屬於漢留（天地會）「萬二祖師」（郭義，天地會內名：萬義，又稱萬二）的傳承。相傳巫必達少年時先於福建省南少林學武，再到各處拜師，而領悟到「巫家拳」的功法。根據巫必達的後人——巫桃明口述，巫家自巫必達與之父輩起便有參與「反清復明」活動，至今在連城巫家宗祠前仍有「明」字排列的水塘。當年巫必達因參與反清活動，被官府查緝而往湖南逃難，也在湖南發展出「巫家拳」的傳承。詳見：不著作人，《明復順勿難達理 正是潛居雅道時 落花圖》。古燕李子峯，《海底》，頁 2194、2201、2271。天地會洪順堂，《天地會洪順堂錦囊傳》，頁 2755、2899。劉康毅，《祭棍：臺灣「萬氏家族」「漢留文化」傳承四百年的故事》（臺北：逸文武術文化股份有限公司，2018），頁 33。

[80] 秦寶琦，《洪門眞史》修訂本，頁 23。

[81] 臺灣銀行經濟研究室編，《清高宗時錄選輯》，頁 653。不著作人，《欽定平定臺灣紀略》，頁 1040。

為這些祕社會簿內文對其指向，往往可以探究在清帝國官方檔案所無法見得的資訊，像是從後世天地會成員在疏文將之奉為神明，以及「金娘」之人生前在天地會內部的地位等等。因金娘在清帝國官方檔案與祕社會簿內均有出現，引出相關身分的建構問題，筆者於下文逐一分析之。

肆、歷史上金娘的在天地會內部的重要性

「下淡水番婦」、「女軍師」、「仙姑」與「天地會一品夫人」，是清帝國官方檔案對金娘的定位與寫照；但從天地會或其他祕社會簿內，則可能與同一時期（清乾隆年間）的萬和尚、洪二和尚（鄭開）、陳彪等天地會高層人士並列為祖師，或變成會簿內的神話人物。就這些來自官方與民間的資料，筆者分別針對「金娘之名與天地會的關係」、「金娘是否加入天地會」以及「鳳山八社內金娘的地位與影響力」三者分別探討之。

從會簿中出現許多類似「金娘」的名稱，如上文提及之「洪公金氏娘娘」等亦是如此。[82] 然而，這些名稱往往會對應到「正宮」有著緊密連結，對中國的文化傳統而言「正宮」對於女性角色又為「中宮」，這個

---

[82] 不著作人，《明復順勿難達理　正是潛居雅道時　落花圖》，頁43。

稱謂往往是指一個國家的「女王」或「皇后」。[83] 在天地會或祕密結社中，女性成員若達到這個「正宮」地位，往往就是屬於領導階層；何況另個指向金娘的詞彙「金氏國太」與「金氏娘娘」、「祖母金氏娘娘」，更是升級為「太后」以及祕社內祖師級角色。[84] 因此「金娘」一詞，很可能是本是天地會或相關結社的職位名稱，很可能意謂會簿內寫的「人名」並非一時一人，而是會內成員在不同升遷階段中而領受的職位，但這些「人名」或「塑造形象的人物」中都會有個原型。就好像「萬和尚」、「萬雲龍」或「萬提喜」的背景來歷各個不同，其原型可能是清康熙時期的達宗和尚，但之後的祕社首領也都會用這些名稱，上文提及的「洪二和尚」鄭開，亦以「雲龍和尚」或「萬提喜」之名行走江湖。[85] 以同樣的原則檢視清乾隆時期的鳳山縣「下淡水番婦」、「仙姑」或「女軍師」金娘，目前的文獻而言，並無法判定「金娘」是否為此號人物之本名。但若從清帝國朝廷的文獻來看，同時期有提喜、陳彪等人之名，也就是在會簿上都有出現過的「人名」。可以推斷，會簿裡的重點人物，很可能有一大部分都是出自清乾隆時期的天地會高層，故筆者於此判斷，「金娘」的主要原型應該為此「下淡水番婦」，也就是朝廷文獻與方志記載

---

[83] 天地會洪順堂，《天地會洪順堂錦囊傳》，頁 2897。
[84] 天地會洪順堂，《天地會洪順堂錦囊傳》，頁 2892。
[85] 不著作人，《明復順勿難達理 正是潛居雅道時 落花圖》，頁 5。天地會洪順堂，《天地會洪順堂錦囊傳》，頁 2897。

天地會篇

的那位。

　　至於金娘是否加入過天地會，就目前的小說與戲曲詮釋都是朝向肯定的，但根據清帝國所收之供詞則是完全不一樣的走向，當時金娘對官員口述：

> 莊大田又將林爽文仍札諭給我。封我做一品夫人。其實我還沒見過林爽文的面。也沒入過天地會。[86]

　　（句讀為筆者加註）

金娘自己表明未加入天地會，並在語句暗示莊大田把天地會首領林爽文賜封之「一品夫人」的札諭是被動接受的。但事實真是如此嗎？若綜合上述推論而言，金娘是被明確寫入天地會或祕社會簿中的人物，甚至被作為請神中必須出現的女性祖師。祕社會簿的紀錄中，指稱金娘為「正宮」。就筆者推斷，此「正宮」與「一品夫人」的地位應該是一致的。可能基於金娘非林爽文之妻，即使為其妻室，但林爽文在抗清期間皆稱「盟主」，並未稱王、稱帝，故無理由稱金娘為王后或皇后。故「一品夫人」，或是清帝國紀錄的「一品柱國夫人」，很明顯指稱是指「正宮」。然而，金娘稱自己沒有加入天地會，但卻領受此職務，很明顯有說詞上的矛

---

[86] 陳雲林主編，《明清宮藏臺灣檔案匯編》，第 75 冊，頁 266-267。

盾。就歷史事實而言，金娘本身參與天地會臺灣南路陣營（莊大田軍隊），並也接受了林爽文給的官銜，若非天地會成員，豈能與莊大田同進退，更無法使林爽文給予其高職位。那麼，林爽文為何會給予金娘「一品夫人」的高級職銜，除了金娘給天地會帶來的功績外，最重要的是其影響力。

　　金娘在屬於平埔原住民之鳳山八社內的地位是會法術與醫術者，相當於地位崇高的「尪姨」。金娘本身從下淡水的尪姨賓那處學會巫術與醫術，之後又從漢人符咒師（符仔仙）林乞處習得符法。因此，在平埔原住民與漢人社群中，金娘的特殊身分可以說具有相當影響力，亦使莊大田父子聞名而至。然而，根據金娘給清帝國官員的口述內容，更能佐證其龐大的影響力。金娘口供道：

> 莊大田那裡的頭目都是有旗的。每一名給他一桿旗。旗上就寫那頭目名字。每一頭目名下帶有三五百人不等。這些人原是隨時增減。也有見打了敗仗就各自散去的。並無一定數目。我跟他做軍師的時候。有兩百桿旗子。共有數萬人。[87]

　　（句讀為筆者加註）

---

[87] 陳雲林主編，《明清宮藏臺灣檔案匯編》，第 75 冊，頁 277。

另根據金娘的姘頭兼徒弟——林紅口述:

> 本年四月二十二日。二十七日。我跟著莊大田在
> 南潭地方實在打過兩次仗。……現在莊大田手下
> 約有四五萬人。分作二百餘桿旗子。每旗頭目一
> 名。帶二三百人不等。[88]

(句讀爲筆者加註)

從記述可知道,金娘的手下掌握兩百桿的軍旗,每面旗
幟代表著 1 位頭目,而頭目麾下有 300 至 500 人不等的
軍隊。若粗略地計算人數,金娘手下最多時約有 4 至 15
萬人之間,最少時有萬人之間,可說是相當龐大的軍事
力量,也是莊大田軍隊的本體。簡言之,金娘控制的軍
隊是整個天地會南路的軍隊。不免會想,這些軍隊可能
都是莊大田招募的麾下人員,應與金娘無關。但從林爽
文給與「一品夫人」或「一品柱國夫人」等重要職銜,
以即清帝國官方文獻《欽定平定臺灣紀略》稱「因以番
婦爲軍師,稱做仙姑,而番婦亦逐每次打仗執劍念咒,
作此鬼蜮伎倆,欺弄鄉愚。」[89] 可知金娘爲南路軍隊
的精神核心,爲士氣的關鍵。

---

[88] 陳雲林主編,《明清宮藏臺灣檔案匯編》,第 75 冊,頁 279。
[89] 不著作人,《欽定平定臺灣紀略》,頁 340。

五、結語

　　金娘，諸多前人研究常以平埔原住民巫師（尪姨）作為研究核心，以及探討此人在林爽文事件的重要性，所著重的資料多為清帝國的檔案資料。本研究進一步延伸，嘗試自金娘當時所參與之祕密結社——天地會所留下的會簿文獻作研究。發現會簿記載的重要人物與祖師們多為清乾隆時期的天地會領導高層，其中亦包含金娘。由此可知，林爽文事件，這場由天地會在中國歷史上發動的首場大規模抗清運動，不僅奠定該祕社的神話基礎與祖師確立外，更見得金娘等人殉難後在後世結社中的重要影響，也是天地會內少數具名記載的女性人物。

　　同時，本研究亦嘗試解讀，在金娘口供中其「沒入過天地會」的訊息。認為金娘應有加入天地會，並因其過去為會治病、行巫的宗教性地位，使受其助益者不少，故使其在會中具有相當大影響力。而且，在其擔任天地會軍師期間，成功攻下鳳山縣城（左營），使其成為地位僅次林、莊二人。故，金娘可能不像方志陳述，僅為會施展符咒片人的巫師，或是被騙入莊大田陣營，甚至沒入天地會的手無縛雞之力者。相反，金娘是一位人脈極廣，掌握人們精神意志，並掌握數萬兵士的重要天地會領袖之一。

圖1：與金娘同鄉之萬丹鄉藝術大師李太豐老師繪製的「一品柱國夫人金娘」圖。（資料出處：李太豐老師提供）

圖2：2019年筆者與李太豐老師夫婦受古都木偶戲劇團邀請欣賞「臺灣風雲錄～女豪傑」演出。（資料出處：古都木偶戲劇團協助攝影）

徵引書目

- 不著作人，《明復順勿難達理 正是潛居雅道時 落花圖》，眞本爲中國廣西壯族自治區田林縣楊再江先生藏，陝西省延安市李志強先生翻攝提供。

- 不著作人，《平臺紀事本末》，臺北：臺灣銀行經濟研究室，19。

- 不著作人，《欽定平定臺灣紀略》，臺北：臺灣銀行經濟研究室，1961。

- 毛帝勝，〈臺南市區的天地會傳說與記憶初考——以黃蘗寺傳說與金臺結義爲例〉，《臺南文獻》，17（臺南，2020），頁 130。

- 毛帝勝，《找尋被遺忘的萬丹歷史與記憶》，屏東：屏東縣萬丹鄉藝術文化協會，2020。

- 毛帝勝，《初探萬丹史事》，屏東：香遠出版社，2016。

- 王進發、劉康毅、王明中，《最後的漢留》，臺北：逸文武術文化有限公司，2009。

- 古都木偶戲劇團，「臺灣風雲錄：女豪傑」，古都木偶戲劇團官方粉絲團（https://reurl.cc/nnXM08），最後瀏覽時間：2021年 3 月 30 日。

- 田海（Barend J.ter Haar）著，李恭忠譯，《天地會的儀式與神話》，北京：商務印書館，2018。

- 杜曉梅，〈清代臺灣原住民女性人物與形象研究〉，臺北：國立臺灣師範大學臺灣史研究所碩士論文，2017。

- 林建隆，《刺桐花之戰：西拉雅臺灣女英雄金娘的故事》，臺北：圓神，2013。

- 屏東演藝廳，「12/19 明華園玄字戲劇團《刺桐花之戰：臺灣女英雄金娘》」（2015），屏東縣政府文化處

  （https://www.cultural.pthg.gov.tw/p01_2.aspx?ID=2362&KIND=1），最後瀏覽時間：2021年3月30日。

- 秦寶琦，《洪門真史》修訂本，福州：福建人民出版社，2004。

- 張凱惠、Anna Chen 編著，《爽文你好嗎》，南投：也品藝文工作室，2018。

- 莊吉發，《清史論集》，第 10 冊，臺北：文史哲出版社，1997。

- 莊吉發，《清史論集》，第 11 冊，臺北：文史哲出版社，2003。

- 連橫，《臺灣通史》，臺北：臺灣銀行經濟研究室，1962。

- 陳雲林主編，《明清宮藏臺灣檔案匯編》，第 75 冊，北京：九州出版社，2009。

- 臺灣銀行經濟研究室編，《清高宗時錄選輯》，臺北：臺灣銀行經濟研究室，1964。

- 臺灣銀行經濟研究室編，《臺案彙錄甲集》，臺北：臺灣銀行經濟研究室，1959。
- 劉康毅，《祭棍：臺灣「萬氏家族」「漢留文化」傳承四百年的故事》，臺北：逸文武術文化股份有限公司，2018。
- 盧德嘉，《鳳山縣采訪冊》，臺北：臺灣銀行經濟研究室，1960。
- 戴寶村編，蔡承豪、李進億、陳慧先、莊勝全著，《小的臺灣史》，臺北：玉山社，2012）。
- 濮文起編，《中國會黨史料集成》，第 3 冊，北京：北京圖書館出版社，1999。

天地會篇

天德聖教與天人教篇

天德聖教《德藏經》的編纂與之歷史意義[90]

壹、前言

綜觀一切宗教的形成與發展，多為教主（或宗教創始人）生前傳法，弟子為鞏固信仰群體而編纂經典，之後再以經典作為依據宣揚教義。像是佛教早期幾次的經典集結、基督宗教經大公會議編纂出《聖經》正典。時至近現代，中國的新興宗教——天德聖教的發展進程也在 1980 年代進入經典集結的階段，並在頒布《德藏經》（又稱為「天德大藏」或「德藏」），也就是天德聖教在臺灣第一部完整經藏集結。

有關《德藏經》的編纂緣由，前人研究多著重於教主蕭昌明及其門徒對天德聖教的教義形塑與教派發展情形，對天德聖教經典編纂歷史所做的專題研究較為簡略。基於此，本文嘗試以天德聖教內留存的史料文獻作為核心依據，並初步在文中先概述天德聖教自中國創教至傳入臺灣的背景，再探討早期天德聖教的經典、著作

---

[90] 本研究修正自筆者投稿《2018 成大、輔大宗教研究生雅敘學術研討會」之會議論文集》內文，再進一步釐清與解決原文之誤區。

的由來，最後論述《德藏經》的編纂動機、過程及歷史
意義。

貳、蕭昌明與天德聖教簡述

　　清末民初，中國面臨內憂外患，先有外國列強侵
擾，後有國內政治衝突。即使革命黨最終取代滿清建立
民國，但仍無法解決國內的種種問題，像是經濟困頓、
內部戰亂等等，使得中國人民對當時處境十分絕望，並
開始將種種希望寄託在宗教，尤其像是主張劫難救贖之
羅教[91] 衍伸出的宗教門派受到許多平民百姓的接受，
像是流傳於中國北方的一貫道（天道）、道院、萬國道
德會與同善社，以及盛行於長江流域的天德聖教，這些
教門都期待著的最高神──無生老母（或稱「無生聖

---

[91] 羅教，又稱「無為教」、「羅祖教」，是主張儒、釋、道三教
合一的教門，由明代的民間信仰領袖──羅祖（d.1527）所
發起的信仰改革，其著有經論──「五部六冊」，並就自己
對各教經典的理解建構出「無生父母」、「救劫」與「真空家
鄉」的信仰。羅祖歸空後，以其教旨進行衍伸的宗教開始將
「無生父母」進行建構，而有了所謂「無生老母」、「無極老
母」之最高神祇，簡稱「老母」或「母娘」。此後中國許多
祕密會道門均以「老母」作為信仰對象。天德聖教亦受羅教
影響，而有了末日觀與老母信仰，只是在天德聖教中至高神
被尊稱為「無生聖母」。可參閱：鄭志明，《無生老母信仰溯
源》，臺北：文史者出版社，1985。〔荷〕田海（Barend
ter Haar）著，劉平、王蕊編譯，《中國歷史上的白蓮教》，
北京：商務出版社，2017。

母」、「明明上帝」）能夠派遣仙佛降世化解當前劫難。[92] 當中較爲今人所知的，即一貫道（天道）的第十八代祖師——張天然（d.1947）及本文所要談之天德聖教的教主——蕭昌明（d.1942）。

蕭昌明，本名始，道名無形，[93] 生於 1895 年 1 月 3 日，爲四川省樂至縣蕭家灣的貧困農家子弟。[94] 1901 年，蕭昌明六歲突然暴斃，又於三個小時後「復活」，自此蕭昌明言行相較同齡兒童早熟，甚至開始向自己未受教育的父母道起佛理。關於「復活」一事，在天德聖教的神話中被理解爲虛空界的「無形仙佛」——眾香妙國佛王[95] 附體於已死蕭昌明的肉身。[96]

---

[92] 鄭志明，《臺灣的宗教與祕密教派》（臺北：臺原出版社，1990），頁 114。

[93] 天德聖教道名排序為「無極大光明性中天」，蕭昌明為唯一的「無」字輩道長。

[94] 蕭昌明生於清光緒二十年臘八日，若以此轉換為西曆為 1894 年 1 月 3 日。

[95] 眾香妙國佛王：典出自佛教《維摩詰所問經》的眾香界，後在天德聖教的神話中轉化成眾香妙國，就目前天德聖教教內人士認為，該國佛王的原型則為眾香界的成就者——「香積佛」。可另見〔姚秦〕鳩羅摩什譯，《維摩詰所問經》，《大正藏》14 冊，CBETA 漢文大藏經
（http://tripitaka.cbeta.org/T14n0475_003），最後瀏覽：2018.6.26。雲湘子，〈《眾香妙國佛王明心見性自在經》試譯〉，天德通訊
（http://www.tiande.org.tw/c_page.asp?sn=750），最後瀏覽：2018.6.26。

[96] 蕭昌明，鄧協池抄錄，秦淑德、黃思苓等編，《局外禪音》上集（臺南：財團法人天德聖教念字聖堂，1986），頁 19-

1914 年，蕭昌明辭別父母，踏入修道旅程。蕭昌明先是在東禪寺、大林寺與青城山萬佛洞等地修學，從軍後又至湖南省的一處森林向老道鄒君（雲龍至聖）學道。[97] 此後關於其早年經歷的文字記述均如神話般的呈現，如降妖伏魔之類，未有與之直接相關的信史資料，故在此不加贅述。1927 年，蕭昌明修道有成，並將其對儒、釋、道、耶、回（伊斯蘭）等教義精隨彙整成「廿字眞言」（以下簡稱「廿字」），即「忠、恕、廉、明、德、正、義、信、忍、公、博、孝、仁、慈、覺、節、儉、真、禮、和」，此後成為蕭昌明追隨者的生活基本原則，並在這一年，蕭昌明將自己的教門命名作「天德聖教」。[98] 同時，蕭昌明自湖北省武漢市開始向東傳道，沿途皈依者甚眾，其在南京的追隨者佘子誠、樂一鴻、茅祖權等以「南京特別市宗教哲學研究社」及「東方精神療養院」作為天德聖教的外圍組織，並在 1930 年向中華民國國民政府進行合法註冊。1931

　　22。

[97] 蕭昌明，鄧協池抄錄，秦淑德、黃思苓等編，《局外禪音》上集，頁 30-52。 劉普珍，〈天德教教主蕭昌明大宗師行年簡考〉，第二屆蕭大宗師宗教哲學研討會，天帝教中華民國主院（http://www.tienti.tw/node/996），最後瀏覽：2018.6.4。

[98] 廿字：即「廿字真言」、「念字箴言」的簡稱，是天德教徒的畢生信仰原則。此外，蕭昌明也教導，廿字的每一字都為一尊佛所護持。可另見：蕭昌明，《人生指南》（臺南：財團法人天德聖教念字聖堂，1988），頁 1-3。蕭昌明述，佘子誠錄，〈入塵章〉，《一炁宗主談經》（德藏經），頁 34。

年，蕭昌明在長沙舉辦爲期四十九日的彌羅大法會後，將其門徒遣派中國各省、縣、市傳道。1931－1935 年間，由於主張五教協和、道德教化以及免費精神療養、戒鴉片療程，使得天德聖教的皈依者激增數十萬人，再加上報章（如上海《申報》）不斷地報導下，使之成爲當時中國最具有影響的新興宗教之一。1937 年，蕭昌明進入安徽省黃山潛修，並將其在黃山的宅邸——芙蓉居作爲天德聖教的總道場，直到 1942 年末坐化歸眞。[99]

蕭昌明歸眞後，此時天德聖教已廣布中國各省，只是盛景不常。1949 年 10 月 1 日，中國共產黨在北平市宣布成立「中華人民共和國」，此後開始掃蕩國內的「反動會道門組織」，讓許多中國境內天德教徒遭到當局逮捕、處決，其餘的教徒攜帶著蕭昌明生前的部分著作流亡香港，後又輾轉至臺灣。其中，蕭昌明嫡傳弟子

---

[99] 〈京中有人組宗教哲學研究社〉，《申報》（上海），1933.4.30，第三張。〈精神療養免費濟人：宗教哲學研究社所附設〉，《申報》（上海），1933.7.15，第四張。〈宗教哲學研究社：蕭昌明昨晚講道〉，《申報》（上海），1934.8.30，第三張。〈蘇州分社成立，蕭昌明由江陰轉蘇參加典禮〉，《申報》（上海），1934.9.26，第三張。〈視察各地社務，蕭昌明由漢來滬〉，《申報》（上海），1935.2.24，第三張。〈蕭昌明赴蓉演講宗教哲學〉，《申報》（上海），1935.11.15，第三張。劉普珍，〈天德教教主蕭昌明大宗師行年簡考〉，第二屆蕭大宗師宗教哲學研討會。

李玉階（d.1994）[100]、王笛卿（d.1975）[101] 及其他中國天德教徒被迫隨國民黨軍隊撤退臺灣或流亡他處。其中，王笛卿則是先流亡香港避禍，後在 1953 年，王笛卿在臺灣天德教徒、國民黨海軍上校處長龔家寶的邀請，並在海軍將軍桂永清（d.1954）的擔保下，攜帶著其師蕭昌明著作、教務文獻及散簡古籍輾轉臺灣，定居高雄市鐵路新村及民享街，並在房內安置聖壇，開始為眾解惑、治病。1965 年，王笛卿在臺灣天德教徒的出資協助下購得高雄市鼓山區瑞豐街及臺北市三元街的民宅，並以此作為天德聖教在臺的兩大據點。同年（1965），王笛卿聯合具有軍政背景的教徒——王德溥（d.1991）、趙恆惕（d.1971）等人以「中國精神療養研究會」的名義向內政部登記，後順利通過，並於 1966 年 4 月 24 日（農曆 3 月 4 日）於臺北市羅斯福路三段

---

[100] 李玉階：天德教主蕭昌明的嫡傳弟子之一，道號「極初」，自號「涵靜老人」，是天人教與天帝教的創始人及「首席使者」，與天德聖教臺灣開山祖師王笛卿是師兄弟的關係，王笛卿為其師兄。在蕭昌明歸真後，李玉階自稱領天命為「天人教主」。隨國民黨撤退來臺後，在臺灣辦理報紙，同時也協助師弟王笛卿宣揚天德聖教。在王笛卿歸真後，李玉階另立天帝教（簡稱「帝教」），並將天德聖教作為天帝教之前身，其主張之基本教理基本承襲蕭昌明的教導（如：廿字真言、天人炁功/精神療養），但在操作上有些許不同。可詳閱：財團法人天帝教，《天帝教簡史》，新北：帝教出版有限公司，2005。

[101] 王笛卿：道號「極性」，人稱「笛卿夫子」、「圓明至聖」，1926 年皈依天德教主蕭昌明，是蕭昌明最親近的門徒之一，也是天德聖教在臺灣的開山祖師。

基督教青年教堂舉行成立大會，設總部於臺北，以王德溥爲中國精神療養院首屆理事長。至此，屏東、高雄、臺南、彰化、南投、臺中、花蓮等地皆開始設置分部，天德聖教在臺快速傳播，一時之間全島教徒多達六萬人。[102]

　　1974 年，王德溥認爲王笛卿所發起之中國精神療養研究會僅爲學術社團，並無法表示其宗教性質，無法眞正爲天德聖教正名。由於王德溥曾任內政部長，可能認爲天德聖教若在其領導下可以正式立案爲宗教團體，基於此，王德溥聯合蕭昌明之子蕭治及弟子李玉階等人另外成立「天德聖教中華民國總會」（德溥派總會），使天德聖教在臺的總會組織一分爲二。即使靠著黨國身分的優勢，但王德溥的天德聖教總會仍被內政部駁回，雖然如此，國民黨政府仍允許王溥德領導的天德聖教自由傳道與運作。[103] 1975 年，王笛卿歸眞，臨終前將中國精神療養研究會的領導權交付給具黨政身分的黃杰（d.1995），並將實質教務權力給予負責臺南支會（念

102 內政部民政司，《宗教簡介》（臺北：行政院內政部，1991），頁 498。吳鳳凰，〈天德教蓬萊（臺灣）教脈傳流〉，天德通訊
　　（http://www.tiande.org.tw/c_page.asp?sn=582），最後檢索時間：2018.6.28。
103 宋光宇，〈當前臺灣民間信仰的發展趨勢〉，《宗教與社會》（臺北：東大圖書，1995），頁 233。轉引自葉惠仁，〈天德教在臺灣的發展（1926~2001）〉，頁 60。

字聖堂）的秦淑德（d.2008）。[104]

　　1986－1987 年間，王德溥認爲自己年事已高，在與中國精神療養研究會的天德教徒斡旋後，決定將自己的「天德聖教中華民國總會」領導權交付給秦淑德，並邀請徐雷、舒憲波、向雄輝、王宗銘、黃思苓等開導師聯絡各地信奉蕭昌明的道場、法壇，召開天德聖教全國大會。在會議上，共同推舉秦淑德爲「首席道監」。1989年，國民黨政府頒行新的人民團體法，至此秦淑德另以「中華民國天德教總會」正式將天德聖教註冊爲宗教團體。[105]

---

[104]　內政部民政司，《宗教簡介》（臺北：行政院內政部，1991），頁 498。吳鳳凰，〈天德教蓬萊（臺灣）教脈傳流〉，天德通訊。

[105]　內政部民政司，《宗教簡介》（臺北：行政院內政部，1991），頁 498。吳鳳凰，〈天德教蓬萊（臺灣）教脈傳流〉，天德通訊。

圖 1：天德聖教教主蕭大宗師昌明夫子（左）與臺灣開
山祖師王笛卿夫子（右）聖像。（資料出處：中華天德
聖教總會提供）

參、早期天德聖教主要經典由來

天德聖教自蕭昌明於 1930 年創教以來，經典內容除有蕭昌明親手撰寫或是由門人抄錄演講內容外，還有透過宗教儀式所撰寫出來的聖訓，以「視光」儀式所降下的光訓爲多數。於此章節主要談論蕭昌明著作的寫作背景、著作內容及光訓抄錄的儀式過程。

一、教主蕭昌明的著作

1930 年代，天德聖教創教之初，蕭昌明先後撰寫《人生指南》及《念字箴言》詮釋教義，並以此作爲當時天德聖教的外圍組織——宗教哲學研究社[106] 的課程講義。此二書主要講述天德聖教的核心教義「廿字」的眞諦及與之相關的傳奇典故。對此，蕭昌明在《人生指南》序裡將「廿字」的重要性簡要說明：

> 今世三綱淪，九法斁，人不人，而國不國。天災人禍，相繼迭乘。余不忍坐視，願濟斯民於塗炭。因集合五教經蘊，括以廿字曰……。凡入社

---

[106] 宗教哲學研究社：是 1930 年蕭昌明在湖南傳道期間所成立的研究機構。1978 年，蕭昌明的弟子李玉階也在臺灣另成立同名之機構，後在其新成立之天帝教外圍組織，與今日天德聖教無關。可參閱：蕭昌明著、天帝教始院編，《人生指南》（新北：天帝教始院，1981），頁 3-9。盧禹鼎，《蕭昌明大宗師傳》，頁 176。

者，不論為男為女，皆以廿字為主旨。因此廿
字，乃天地一元之理。[107]

此後，蕭昌明不論在巡迴演講或課程授業，都是以「廿
字」作為唯一指導原則，除透過宗教哲學研究社發行著
作（如《念字箴言》）及法會經、論（如《大同眞經》、
《十大願力句解》、《金光明經》）外，蕭昌明並無書寫
其他著作。1937－1942 年間，蕭昌明於黃山的芙蓉居隱
居，其門徒佘子誠、焦子文及鄧協池等人仍將蕭昌明於
法會中的開示內容進行抄錄整理。（可見表 1）[108] 有關
蕭昌明晚年的口述抄錄，在天德教徒編纂之《玄關大
道》序言中談道：

　　蕭公昌明，口授玄關大道，門弟子筆而成
　　書，……，意簡而賅，詞顯而約。[109]

鄧協池在蕭昌明口述自傳《局外禪音》的序中言道：

　　局外禪音，……，為蕭大宗師昌明夫子，現身說
　　法，……，由門弟子紀錄傳頌之聖言懿行。[110]

---

[107] 蕭昌明著、天帝教始院編，《人生指南》，頁 8。
[108] 葉惠仁，〈天德教在臺灣的發展（1926~2001）〉（淡江大學
　　　歷史學系碩士學位論文，2003），頁 130。
[109] 葉惠仁，〈天德教在臺灣的發展（1926~2001）〉，頁 76。
[110] 蕭昌明口述，鄧協池抄錄，秦淑德、黃思苓、王宗銘、張
　　　其恪等編，《局外禪音》下集。

王笛卿對其師蕭昌明晚年口述的動機回憶道：

> 師尊（蕭昌明）因塵世刀兵水火，瘟疫災劫太大，五教失真，旁門左道，妖魔邪術，一切不正法門皆出，使修道之人，從無可從。因此改良宗教，並集儒、釋、道、耶、回五教之真理，名曰廿字真經，效牟尼說法，口吐經典，……，應時行世，解災救苦。[111]

綜合上述，蕭昌明在世期間除了品德教育的講義（如《人生指南》、《念字箴言》）、談論身心健康的著作（如《精神療養解說》）以及法會所著之經典著作（如《大同真經》、《十大願力句解》）外，[112] 其餘著作均為其親近的門徒或其他天德教徒進行抄錄，甚至為求抄錄方便，門徒們按各自思維對蕭昌明的講詞進行略記，並整理成許多教義與儀式經典，如《局外禪音》、《一炁宗主談經》、及《宗教大同推進問答》等等。再從王笛卿的口述中，可知蕭昌明晚年在黃山積極講經說法的緣由是為了因應時下環境的災厄及改革民初各宗派的教義混亂而效仿釋迦牟尼佛生前口吐經典，不立文字直接教導門徒修道方要。1943 年，蕭昌明坐化黃山後，其子蕭治「透過」光訓傳下遺囑，成為天德教主最後的著作。

---

[111] 王笛卿，《王笛卿夫子寫真集・二》（臺南：中國精神療養研究會，1979），頁 17。

[112] 王光增編，《無形古佛與蕭昌明大宗師》（彰化：彰化縣初院，2003），頁 493。

表1：天德聖教教主蕭昌明部分著作一覽

經名	時間	地點	內容概要	寫作方式
佛說大同眞經	1926	雲城 長沙	蕭昌明講述在首屆彌羅法會的狀況，也就是「雲城大會」。雲城，又稱銀城，是虛空上眞的所在，意思是這是蕭昌明與仙佛相通而有的正法。內文亦有談到道教教主六十三代天師張恩溥與蕭昌明主持法會的對話。	口述抄錄
精神療養解說	1929	長沙	講述天地陰陽造化、五教本源，人體與宇宙間的關係及精神療養的醫治原理。	親筆
人生指南	1930	南京	個別解釋廿字眞言的眞諦與處世爲人的道理。是宗教哲學研究社的核心教材。	親筆

蕭公昌明夫子演講集	1930	武漢	由門徒抄錄，講述五教本為一家與廿字的重要。	口述抄錄
無上彌羅明覺聖經	1931	長沙	於四十九日彌羅大法會時纂，內容為無生聖母與先天諸仙佛的聖誥。	親筆
念字箴言	1932	長沙	解釋廿字真言的意涵，並以中國民間故事進行列舉。	親筆
蕭昌明講道專欄	1934	上海	宗教哲學研究社講道，由《申報》記者抄錄。	口述抄錄
無形居士答客問（宗教大同推進社問答）	1935	九華山	對天德教義的釋疑，由蕭昌明弟子王若虛、周一民抄錄。	口述抄錄
度世金鍼演講集	1936	漢口	精神療養的介紹，講述無形光針對調養人體的理論。	口述抄錄

明道聖經	1936	漢口	講述五教同源，並以蕭昌明的見解重申五教教主所倡教義。	親筆
鈞天上帝明覺經句解	1937	黃山	《鈞天上帝明覺經》的註解。	親筆
十大願力詞句解	1937—1938	長沙、黃山	講述五教教義的核心。之後弟子於黃山芙蓉居編輯成冊。	親筆
無生聖母明覺經句解	1938	上海	《無生聖母明覺經》的註解。	口述抄錄
無形古佛孝經	不詳	不詳	蕭昌明生前最重孝道，於此今重申「孝」在三界的重要。	不詳
一炁宗主談經	不詳	不詳	講述蕭昌明降世人間的緣由及「天德聖教」在仙佛界的共識。由蕭昌明弟子佘子誠存抄。	口述抄錄
金光明經	不詳	不詳	講述上帝與先天諸神佛為挽救人類災劫，而降給世人的聖誥及	口述抄

			解厄經典。	錄
局外禪音	1942	黃山	蕭昌明在芙蓉居口述其原靈自無形界下凡的過程及其童年至青年的故事。由鄧協池抄錄。	口述抄錄
蕭昌明遺囑	1943	黃山	蕭昌明彌留時,講述自己一生辦道的歷程,主要談及畢生推行「廿字」的理念及期盼門徒能夠繼續推行,以匡正社會風氣。蕭昌明歸眞後,其子蕭治「看光」頒布遺囑。但也有一說是蕭昌明親筆立下。	光諭

資料出處:秦淑德、王宗銘修,《德藏經》(全套),臺南:財團法人天德聖教念字聖堂,1985。蕭昌明,《人生指南》,臺南:財團法人天德聖教念字聖堂,1988。蕭昌明,《念字箴言》,臺南:財團法人天德聖教念字聖堂,1988。蕭昌明,《精神治療解說》,臺南:財團法人天德聖教念字聖堂,1988。王光增編,《無形古佛與蕭昌明大宗師》,彰化:彰化縣初院,2003。盧禹鼎編著,《蕭昌明大宗師傳》,臺北:天德堂總堂,1977。葉惠仁,〈天德教在臺灣的發展(1926~2001)〉,淡江大學歷史學系碩士學位論文,2003。

二、仙佛「光訓」傳錄

　　光訓，又稱「光諭」，為「天人交通」的方法之一，在天德聖教的教義中為無形仙佛透過「無形光」[113]向教徒傳達的聖訓，並透過能看見靈光的「光生」（又稱作傳述生、傳示生、光師）抄錄成冊。光訓抄錄的過程被稱作「錄光」，是自蕭昌明創教以來天德教徒取得信仰依據的管道，也是天德教的重要儀式。[114] 事實上，蕭昌明所傳的光訓傳錄儀式與民間流行的方術——圓光術[115] 十分相似，甚至有可能與蕭昌明年少時的求

---

[113] 無形光：在天德聖教的教義中，光分為「有形」與「無形」，其中「無形光」需要由戒除酒色財氣且屏除雜念的清淨修道人才能夠見得。因此，天德聖教的光生揀選十分嚴格。可詳見：王宗銘編，《天德叢林》（臺南：覺明雜誌社，1991），頁 4。

[114] 吳鳳凰，〈天德聖教天人交通之光訓〉，《師尊蕭大宗師昌明夫子 120 年聖誕特刊》（2014.6），天德通訊（http://www.tiande.org.tw/c_page.asp?dir=2014%7C-%7C 六月 -1&sn=771），最後瀏覽時間：2018.6.18。

[115] 圓光術：是一種透過冥思或因特殊體質而能以「看光」（視光）的形式瞭解來自靈界的訊息。關於圓光術的起源，今已不可考，根據明初道教第四十三代天師張宇初（d.1410）撰之《道門十規》中，曾嚴禁道教法師從事圓光、扶鸞、附體等儀式，並將之斥為邪說，但從另一個角度看，可知明代時圓光術已在坊間流行，並有一定影響力。參考自：〔明〕張宇初，《道門十規》，諸子百家中國哲學書電子化計劃（https://goo.gl/XKCdki），最後檢索時間：2018.8.16。任繼愈，《中國道教史》下卷（北京：中國社會科學出版社，2001），頁 828。李豐楙、劉怡君，〈一炁宗主信仰〉，全國宗教資訊網（https://goo.gl/zA5tm7），最後檢索時間：2018.8.17。

道對象——鄒君本身的教派背景有關，但究竟天德聖教的光訓傳錄儀式與圓光術是否有直接或間接的傳承，還有待商榷。

天德聖教的光訓抄錄地點十分嚴謹，只能在「光殿」[116] 進行。除了今日臺南念字聖堂的光殿中央有供奉首席道監兼光生秦淑德肖像外，[117] 一般天德聖教的光殿內並無供奉任何神像，僅有一座神龕（或神桌）與掛在神龕前的黃布而已。黃布，又被稱為「光布」，是仙佛與凡人交流的輔助工具，據說仙佛降下的光訓都會逐字地被「書寫」在布上。蕭昌明在世時，不僅口述經文、戒律，也會透過「天人交通」後抄錄的訓文來訓勉天德教徒，並將「視光」的能力透過「無形仙佛」傳承給天德教徒。[118] 根據其門徒王笛卿談道：

> 光訓是師尊蕭公昌明夫子所創始，通陰立陽，開世上未有之玄妙法門，慈悲聖佛仙真，現金身，臨光說法，力挽延康，訓正人心，言言金玉，字

---

[116] 光殿：是天德聖教與其相關之宗教群體（如天帝教）接受仙佛訊息的神聖場域。在臺灣，天德聖教（中華民國天德教總會）的光殿僅有兩處，分別是臺南念字聖堂及彰化凌雄寶殿。

[117] 念字聖堂光殿所以於 2016 年供奉秦淑德像，據臺南道友稱，係經由聖堂鎮壇佛普賢菩薩透過無形指示，才安置秦像。

[118] 王笛卿，《王笛卿夫子寫真集・二》，頁 16。

字珠璣……。[119]

　　1943 年 1 月 16 日，蕭昌明歸真後，其門徒各自發展道務，若遇到信仰、組織等問題，均以各自抄錄的光訓作為解決方案。此外，天德教徒舉辦的各大法會時（如四十九日彌羅大法會），一炁宗主（即蕭昌明）與諸位仙佛也會頒下光訓對教徒勉勵或預言時局。[120] 1953 年，蕭昌明弟子——王笛卿自香港入臺傳道，並將「視光」的能力傳授給在臺灣的門徒秦淑德等人。只是臺灣主流天德聖教能「天人交通」的光生秦淑德已於 2008 年歸真，除了 1980 年蕭昌明弟子——李玉階另創的天帝教及部分一炁宗主道壇至今還有光訓的頒行外，至此天德聖教在臺灣暫無全體公認的光生作為人神之間的交流媒介，故部分佛堂暫無進行新的光訓抄錄工作，儘管如此，目前臺灣亦有佛堂繼續傳遞這些「天上的訊息」。[121]

---

[119] 王笛卿，《王笛卿夫子寫真集・二》，頁 92。
[120] 王宗銘編，《天德叢林》，頁 1-3。
[121] 秦淑德於 2008 年歸真前，其子胡萬新曾向其詢問教內光生的傳承問題。秦淑德表示，在歸真之後，暫有很長一段不會有光生，直到仙佛認為時機成熟，才會再透過機緣告訴教眾。訪談自：胡萬新開導師（2018.8.24），地點：臺南念字聖堂。

圖 2：念字聖堂內的光殿，於 2016 年另安奉「大覺菩薩」（秦淑德）像。（資料出處：臺南市天德聖教念字聖堂）

肆、《德藏經》編纂與刊行

　　天德聖教起初並無一套完整的經藏系統，多按蕭昌明主要傳承的「廿字眞言」與《人生指南》等著作作爲修生方針，也按其門下各路弟子所傳抄的文獻作爲信仰依歸。故自蕭昌明歸眞至中共建政期間，因逢長達八年的中日戰爭，使得各地教徒顚沛流離，大量教內文獻流失、殘缺，可能使天德聖教在各省傳道者所傳導的教義重點各有所異。[122] 再加上 1949 到 1953 年間，中國各地天德教徒也同國民黨流亡臺灣，許多教徒分別在家開設道壇，和在中國本土一樣，各地教務並無統一，直至1966 年王笛卿成立中國精神療養研究會，才使天德聖教在臺灣凝聚成一個群體。[123] 只是在王笛卿晚年，天

---

[122] 如：陝西華山辦道的李玉階強調「靜坐法門」（後稱「中國正宗靜坐」）與「誦皇誥」（誦唸：「慈心哀求，金闕玄穹主，高上玉皇赦罪大天尊，玄穹高上帝」）李玉階口述，「010101-本師世尊示範華山式誦誥」（1989.2.20），財團法人天帝教 Youtube 頻道
（https://www.youtube.com/watch?v=LkrmD2HAbe8），最後瀏覽時間：2018.8.17。盧禹鼎編著，《蕭昌明大宗師傳》，頁 292。

[123] 中國精神療養研究會成立因緣：據天德聖教內傳說，王笛卿曾以「精神療養」治癒蔣宋美齡的手部頑疾，蔣宋美齡爲了報答王笛卿，答應幫他完成一則願望。王笛卿是希望天德聖較能在臺灣成立合法社團。但蔣宋美齡表示，目前臺灣仍處戒嚴，建議其以「中國精神療養研究會」的名義進行登記。參考自：吳鳳凰編，《天德聖教在臺開山祖師圓明至聖佛　王笛卿夫子一百二十年聖誕特刊》（無出版單位，2010），頁 63。訪談自：胡萬新開導師（2018.8.24），

德聖教內部逐漸鬆散，並在 1975 年王笛卿歸真後，其門徒秦淑德接下臺灣天德聖教領導權，但秦淑德並無王笛卿生前有號召全臺各地道場的威信，當時全臺共有三十二個道場（包含自認為一炁宗主信仰者或奉行廿字之道場），僅十一個道場承認秦淑德的領導權，其他道場，如：吳性正（d.1996）成立「弘揚昌明天德會」、毛鑑鈞（道名極識，d.1999）成立「新竹天德觀」、劉培斌與其弟子在宜蘭開闢礁溪道院與羅東道院、原先中國精神療養研究會的高層，以及李玉階（d.1994）另外成立「天帝教」。[124]

為能夠強化在教內的領導權，秦淑德除了處理臺南念字聖堂教務與覺明雜誌社[125] 工作外，還積極地與各道場的開導師、長老進行交流。同時也謹記師父王笛卿遺志，繼續辦理其生前未完成的工作，其中最為重要的即是將天德聖教散亂的經典進行整理、編纂。對此，念字聖堂的副開導師王宗銘在〈《德藏經》彙編緣起〉一文寫道：

> 甲子冬
>
> 淑德導師，於宏敞念字聖堂殿宇，覺明雜誌出刊之後，復以吾教開宗師尊蕭公昌明夫子，口吐經

於念字聖堂。

[124] 葉惠仁，〈天德教在臺灣的發展（1926~2001）〉，頁 49-51、54、69。

[125] 覺明雜誌社：發行天德聖教刊物的出版社，社址在臺南。

文，宏天地之德育，立陰陽之準繩，以德為教，創行廿字，道化三清……，雖吾教諸賢，已蒙其恩，惟社會大眾尚未沾其惠。乃囑咐余尊王公笛卿夫子，攜臺傳誦之經典，論著，綜厥本末，發義纘緒，敬謹分類，彙編惟系統之學，以充備典籍。[126]

王宗銘又在〈天德教簡史〉中寫道：

德教（天德聖教）經典完備……，最初多為散本，因經名數量太多常難記述，每遭人竊盜，據為己有，造事生端……，再為外間流傳甚少，不知經屬何教，宵小之徒，徑予詮改，悔眾斂財，甚至引入迷塗，誠為堪慮，民國七十三年，本教首席道監秦淑德長老，乃責成覺明雜誌社社長王宗銘居士，協同黃恩苓副導師，主持經典整編工作。[127]

王笛卿生前可能有留意到，由於天德聖教在臺初期並無統一組織，造成各組織所藏有的經籍被一些別有居心之人所竊走，並挪作他用。可能使得部分假藉這些經籍或天德聖教名義者，因不良行徑而間接敗壞教風，更因此

---

[126] 王宗銘，〈《德藏經》彙編緣起〉，收於秦淑德、王宗銘修，《德藏經》（臺南：財團法人天德聖教念字聖堂，1985），每篇經首，頁3。

[127] 王宗銘，〈天德教簡史〉，收於王光增編，《無形古佛與蕭昌明大宗師》，頁136。

影響外界對天德聖教的觀感。再加上秦淑德、王宗銘等人認爲，一位修道者必須從習經做起，進而才能參透天地萬物造化之妙，才能以經典作爲輔助宣化教人。[128] 故自甲子年（1984）冬季起，秦淑德囑咐王宗銘、黃恩苓二人開始著手王笛卿遺留的天德聖教文獻進行整理、系統化分類，以冀爲天德聖教的根本典籍。

初步整理教內文獻時，王宗銘先於 1985 年 1 月將《一炁宗主談經》、《明覺經句解》與《局外禪音・上集》等經籍以單冊形式分別出版，再於同年 6 月將經典文獻分類作經、律、論及行品等四類，以利編纂集結。接著，王宗銘再將 1933 年上海宗教哲學研究社成員葉孝侯（道名：極五）透過「諸天垂演」（扶鸞降筆）而出的文集──《德教闡微》[129] 重新集結成冊。[130] 時近一年的時間，王宗銘向念字聖堂全體人員報告，預計經典編纂能在 1986 年仲秋前後完成。接著王宗銘將集結的經籍草稿呈上光殿，呈予師尊蕭昌明、師父王笛卿及天德聖教仙佛閱覽。然而，過程中，秦淑德領受來自教主蕭昌明的光訓，表示天德聖教經典編纂工作需提前於 1986 年 10 月完成，並指是王宗銘需刪減經卷輯要、減

---

[128] 王宗銘，〈天德教簡史〉，頁 136。

[129] 《德教闡微》：爲蕭昌明弟子葉孝侯在上海，蒙諸天上聖高真古佛降筆而作的文集，共計十八卷三十章一三八篇。蕭昌明在世時，曾告訴門徒，《德教闡微》是一部參透天地始元的重要經典。參考自：劉普珍，〈天德教教主蕭昌明大宗師行年簡考〉，第二屆蕭大宗師宗教哲學研究會。

[130] 王宗銘，〈《德藏經》彙編緣起〉，頁 3。

少篇幅。之後，秦淑德又領受先師王笛卿降下的光訓說
道：

> 清風古佛圓明至聖（王笛卿）核示：修正天德律
> 藏，德教宏規之第三章建教體制，第五章服制，
> 第八章戒規守則之天德教規，及第九章之德教禮
> 儀規範等。[131]

最終整套天德聖教經籍，包含王宗銘所撰之〈彙編緣
起〉，於 1986 年夏季正式完成，並將整套經籍定名作
「德藏經」。但遺憾的是，王宗銘等人在整理文獻的過
程中，發現蕭昌明傳述的經典——《摩羅阿鼻尼地獄眞
經》、《羅剎鬼國阿鼻尼地獄割解眞經》、《二極化合玄元
血湖妙經》、《彌勒法王說濟世了生脫死眞經》、《佛說了
生脫死眞經》及《般若波羅蜜多性經及阿那圓性經》等
可能遺落在中國，未被王笛卿及其他天德教徒帶來臺
灣。[132]

全經集結完畢後，秦淑德指示將《德藏經》贈送
給全臺各地公、私立圖書館、各個宗教機構及天德聖教
各道場，以供眾人傳閱、典藏。除此之外，在 2016 年 5
月，以開導師胡萬新爲首的念字聖堂代表們帶著《德藏
經》赴陸贈送給江西省九江的天德聖教佛堂，並獲得中

---

[131] 王宗銘，〈《德藏經》彙編緣起〉，頁 3—4。
[132] 王宗銘，〈天德教簡史〉，頁 135。目前部分經典由筆者尋
回，尚在整理。

國大陸教徒承認，可以說念字聖堂透過《德藏經》強化其在兩岸天德聖教的威信。然而，這由念字聖堂修纂的《德藏經》，除有蕭昌明生前的親筆與門徒抄錄的著作、中國大陸時期各省宗教哲學研究社透過光訓或降筆且經蕭昌明認可的文獻之外，還收錄了由王笛卿生前的手稿文獻、著作以及其晚年在臺北、高雄的光殿入定時參悟之經典，如《無量壽佛廣德眞經》、《太上老君無微妙化經》、《玄天上帝醒世眞經》等。[133]

再加上，當王宗銘整理好《德藏經》後，皆須呈上念字聖堂光殿給「仙佛閱覽」，而堂內能夠解讀仙佛話語者唯有秦淑德，於此，秦淑德在仙佛的指引下指示修正《德藏經》內文。故《德藏經》的付梓，暫不論時人是否有其他想法或所謂仙佛降訓存在與否，事實上強化了以「蕭昌明─王笛卿─秦淑德」作爲天德聖教在臺灣主流法脈的正統性。除此之外，集結《德藏經》後的秦淑德，立即飛往香港青山天德聖教總壇，在三師堂拜謁「聖師母」昌慈主教（蕭昌明續弦遺孀，d.2011），並將《德藏經》交給昌慈與總壇長老審閱認可，強化了《德藏經》的集結正統性。這不僅有維護天德聖教之宗教教義完整與信仰傳承的使命，還成爲天德聖教各派內部作爲法傳正統的重要依據。

---

[133] 葉惠仁，〈天德教在臺灣的發展（1926~2001）〉，頁 76。

圖 3：天德聖教的核心經典《德藏經》之《天德經藏》
（經部）與《一炁宗主談經》（律部）。（資料出處：筆
者攝於臺南市天德聖教念字聖堂，2018.6.6）

圖 4：天德聖教香港青山總壇主教　昌慈聖師母檢閱
《德藏經》。（資料出處：中華天德聖教總會提供）

伍、結語

　　天德聖教自創教以來，教主蕭昌明不論是口傳或是親筆，都留下了許多教義文獻。只是隨著教主逝去，再加上中國長期戰亂，蕭昌明門徒在中國各省各自辦道，這些重要的典籍都散落到各地，沒有受到統一的整理與保存，使天德聖教在中國的教義詮釋並不一致。

　　1949－1953 年間，隨著中華民國政府遷臺，中共在中國本土開始打壓所謂「反動會道門」，其中包括天德聖教，迫使許多天德教徒流亡香港、臺灣或海外。其中，蕭昌明嫡傳弟子——王笛卿攜帶著部分典籍，先流亡香港，後進入臺灣高雄辦道。1965 年，王笛卿欲向國民黨政府正式成立宗教團體，但因戒嚴時期對人民團體的限制而無法正式登記，僅能以「中國精神療養研究會」的名義向政府登記，並在臺展開傳道工作。

　　只是在王笛卿晚年，天德聖教內部高層人員開始出走，另立道場。更在王笛卿歸真後，即使將教務領導權轉交給弟子秦淑德，但全臺共三十二個道場僅有十一個道場承認其領導。為強化在教內的領導權，秦淑德除了繼續與各地道場開導師、長老接洽，還有承接先師王笛卿生前未完成的教務工作，其中教內經藏的編纂最為重要。故在 1984－1986 年間，秦淑德囑咐念字聖堂的副開導師王宗銘及副導師黃思苓著手經典編纂工程，過

　　　　　　　　天德聖教與天人教篇

程中，除了收錄蕭昌明生前的著作與天德教徒公認的經典外，還另外收納王笛卿的著作，由此確立「蕭昌明－王笛卿」的正統傳承。在經典編纂完成後，王宗銘將經典稿件上呈光殿，給仙佛預覽，由於秦淑德擁有王笛卿傳承的「與仙佛交流」能力，使她成爲最具權威的代言者與詮釋者，如同韋伯（Max Weber）所談到的「卡理斯瑪」（Charisma）特質，[134] 秦淑德透過此成天德聖教內最具領袖權威者。[135] 之後，王宗銘等根據仙佛給予秦淑德的指示，將經典稿件進行「修正」，最終 1986 年完成編纂工作，將經典定名爲「德藏經」，並將《德藏經》發送至全臺各地的公私立圖書館、各宗教團體及天德聖教各個道場。且更在 2016 年 5 月，念字聖堂將《德藏經》「傳回」中國大陸的天德聖教據點，使大陸教徒以臺灣纂修的經本作爲信仰依據，可說是強化臺灣天德聖教在兩岸間的威信。

---

[134] 〔德〕韋伯（Max Weber）著，康樂、簡惠美譯，《宗教社會學》（臺北：遠流出版社，1993），頁 2-3。

[135] 筆者認爲，秦淑德主要是透過自王笛卿的法脈傳承、本身具有與仙佛交流的能力及對經典編纂的主持而逐漸發揮其「卡里斯瑪」特質。而在淡江大學歷史研究所的葉惠仁則是以不同的切面檢視，認爲今日天德聖教內的和諧與活潑的氛圍，主要是受到秦淑德慈愛性格及其崇高到德涵養的影響，以此發揮其「卡里斯瑪」魅力，使教徒對其順服。參考自：葉惠仁，〈天德教在臺灣的發展（1926~2001）〉，頁 68。

《德藏經》完成在天德聖教歷史上具有兩大意義。第一，爲天德聖教整理出一套完整的經典，使得道統傳承與教義規範有了嚴謹的信仰依據；第二，由於秦淑德及念字講堂教徒主導《德藏經》的編纂，使秦淑德在教內的威信獲得強化，並間接建構出天德聖教在臺灣的主流傳承，即「蕭昌明－王笛卿－秦淑德」。

圖 5：昌慈聖師母在三師堂與長老們認證《德藏經》，同時秦淑德（左 2）仔細向昌慈報告集結過程。（資料出處：中華天德聖教總會提供）

徵引書目

- 〔明〕張宇初，《道門十規》，諸子百家中國哲學書電子化計劃（https://goo.gl/XKCdki），最後檢索時間：2018.8.16。
- 〔荷〕田海（Barend ter Haar）著，劉平、王蕊編譯，《中國歷史上的白蓮教》，北京：商務出版社，2017。
- 〔德〕韋伯（Max Weber）著，康樂、簡惠美譯，《宗教社會學》，臺北：遠流出版社，1993。
- 天德教總會編，《天德教簡介》，臺北：天德教總會，1989。
- 天德教總會編，《德教簡策》，臺北：天德教總會，發行年不明。
- 王光增編，《無形古佛與蕭昌明大宗師》，彰化：彰化縣初院，2003。
- 王宗銘編，《天德叢林》，臺南：覺明雜誌社，1991。
- 王笛卿，臺南念字聖堂編，《王笛卿夫子箏言》，臺南：財團法人天德聖教念字聖堂，1988。
- 王笛卿，臺南念字聖堂編，《王笛卿夫子寫眞集·二》，臺南：中國精神療養研究會，1979。
- 王笛卿講，中國精神療養研究會編，《王笛卿夫子講演錄》，臺北：天德堂總堂，1974。

- 任繼愈，《中國道教史》，下卷，北京：中國社會科學出版社，2001。

- 佘子誠，《精神療養淺解》，臺南：財團法人天德聖教念字聖堂，1988。

- 吳鳳凰，〈天德聖教天人交通之光訓〉，《師尊蕭大宗師昌明夫子 120 年聖誕特刊》（2014.6），天德通訊（ http://www.tiande.org.tw/c_page.asp?dir=2014%7C~%7C 六月 ~1&sn=771 ），最後瀏覽時間：2018.6.18。

- 吳鳳凰編，《天德聖教在臺開山祖師　圓明至聖佛王笛卿夫子一百二十年聖誕特刊》，無出版單位，2010。（臺南念字聖堂提供）

- 李玉階，〈恭祝恩師天帝道統第五十四代天德教主蕭公昌明百齡華誕壽文〉，天帝教教訊（ http://magazine.tienti.org/book/tdmagz~119/119~02~01/），最後瀏覽：2018.6.4。

- 李豐楙、劉怡君，〈一炁宗主信仰〉，全國宗教資訊網（ https://goo.gl/zA5tm7 ），最後檢索時間：2018.8.17。

- 念字聖堂編，《廿字手札》，臺南：財團法人天德聖教念字聖堂，發行年不明。

- 秦淑德，〈王公笛卿夫子略傳〉，《覺明雜誌》2 期（1984），轉引自：天德通訊（http://www.tiande.org.tw/c_page2.asp?sn=78），最後瀏覽：2018.6.5。
- 秦淑德、王宗銘修，《德藏經》（全套），臺南：財團法人天德聖教念字聖堂，1985。
- 葉惠仁，〈天德教在臺灣的發展（1926~2001）〉，淡江大學歷史學系碩士學位論文，2003。
- 劉見成，《宗教與生死：宗教哲學論集》，臺北：秀威資訊，2011。
- 劉普珍，〈《德藏經》書目提要〉，第五屆蕭大宗師宗教哲學研討會，天帝教中華民國主院（http://www.tienti.tw/node/1197），最後瀏覽：2018.6.4。
- 劉普珍，〈天德教教主蕭昌明大宗師行年簡考〉，第二屆蕭大宗師宗教哲學研討會，天帝教中華民國主院（http://www.tienti.tw/node/996），最後瀏覽：2018.6.4。
- 鄭志明，《無生老母信仰溯源》，臺北：文史者出版社，1985。
- 鄭志明，《臺灣的宗教與祕密教派》，臺北：臺原出版社，1990。
- 盧禹鼎編著，《蕭昌明大宗師傳》，臺北：天德堂總堂，1977。

- 蕭昌明，《人生指南》，臺南：財團法人天德聖教念字聖堂，1988。
- 蕭昌明，《念字箴言》，臺南：財團法人天德聖教念字聖堂，1988。
- 蕭昌明，《念字箴言釋義》，臺北：天德教總會，發行年不明。
- 蕭昌明，《精神治療解說》，臺南：財團法人天德聖教念字聖堂，1988。
- 蕭昌明，《蕭公昌明夫子講演集》，臺南：財團法人天德聖教念字聖堂，1988。
- 蕭昌明，鄧協池抄錄，秦淑德、黃思苓、王宗銘、張其恪等編，《局外禪音》下集，臺南：覺明雜誌社，1990。
- 蕭昌明，鄧協池抄錄，秦淑德、黃思苓等編，《局外禪音》上集，臺南：財團法人天德聖教念字聖堂，1986。
- 《申報》（上海）。

歷史上的「精神療養」理論建構背景初探：以蕭昌明大宗師著作爲核心[136]

壹、前言

　　天德聖教，民國時期在中國大陸的正式名稱爲「宗教大同推進社」與「宗教哲學研究社」，自詡爲「中國最古老的宗教」——「德教」之再興，因此又稱爲「德教」。從該教核心教義「廿字眞言」與教內經典《德藏經》來看，除了結合明清以來祕密宗教與民間信仰盛行的「劫變思想」而建構出屬於自身宗教的宇宙觀之外，[137] 更多的內容主要講到該教教主　蕭昌明大宗

---

[136] 本研究已以簡報與論文摘要方式發表於 2021 年 11 月 20 日由香港天德聖教廿字學會主辦之「首屆『一炁功法』國際學術研討會」。會議上感謝香港廿字學會主任開導師潘樹仁先生賜教。

[137] 劫變思想：又稱作「劫變論」，主要受到摩尼教「二宗三際論」與佛教「末法論」的概念影響，而建構出「青陽、紅陽、白陽」或「龍旱（龍漢）、紅羊、延康」等劫期設定。劫期交替之時，往往會帶來末日式的浩劫，而上界神仙則會來到凡間拯救世人。可參考：曹新宇，《祖師的族譜：明清白蓮教社會歷史調查之一》（新北：博揚文化，2016），頁 12-13、22-33、69-73。莊仁德，《顯靈：清代靈異文化之研究——以檔案資料為中心》（臺北：國立臺灣師範大學歷史學系，2004），頁 445。蕭昌明，《一炁宗主談經：入塵

師（1895~1943，下文均簡稱「蕭昌明」）的早年行誼與道德價值，誠如早期弘道見聞與推廣「五教大同」與「挽劫延康，開創大同世界」的理想與願景實踐。[138] 不僅這些內容，在蕭昌明所傳的智慧，亦包含所謂的「法科」（法術與科儀），即靈療與符法。其中靈療的部分，即「精神療養」，又稱「精神治療」，是一種透過天德弟子替患者進行「診療」的特殊方術。

然而，經幾年來對天德聖教的研究，尤其是從蕭昌明的著作與經典切入，發現「精神療養」不僅僅只是天德聖教獨有的特殊方術，而是具有若干「教派傳承」與「環境影響」。有關這方面的深刻探討，過去則無。因為清末民初的教派宗教或祕密結社的流傳都具相當複雜性。因此，本研究論述「精神療養」建構以前，得先從蕭昌明的成長環境與學習生涯談起，再針對「精神療養」學說中的原理建構，兼論民國初年流行之特殊醫療方法「精神醫療」與蕭昌明之間的關係。

章》（臺南：天德聖教念字聖堂，1988），頁 1。盧禹鼎編著，《蕭昌明大宗師傳》（臺北：天德堂總堂，1977）。

[138] 有關天德聖教的經典研究，可詳見拙作〈天德聖教《德藏經》編纂緣由與意義〉，收錄在《2018 成大、輔大宗教研究生雅敘學術研討會」之會議論文集》。

貳、蕭昌明的早年修學與「精神療養」的源起背景

　　蕭昌明，本名始，道名無形，多自號「無形居士」或「無形道人」，生於大清國四川省普慈縣，該縣之後改名爲「樂至縣」，自幼成長於民間佛教家庭，從其家中供奉有「天地君親師」神位，很可能與「漕幫」、「在理」（理教）或與民間祕密結社相關的教門、教派信仰有著若干關聯。[139] 根據蕭昌明口述之《一炁宗主談經‧入塵章》與《局外禪音》的記述，其曾在 6 或 7 歲「瀕死體驗」（教內稱「無形借體，死亡復生」）後，在四川省廣德寺靜慈和尚門下皈依佛門，之後又與東禪寺方丈性空長老一同探討佛學，並在該寺傳講《大乘自在經》。[140] 從此可知，天德聖教與佛教的關係相當密切。甚至在目前天德聖教流傳的咒語〈沉香甘露經〉（又名沉香甘露水）稱：「道源釋迦根。」[141] 由此可見一斑。

---

[139] 鄺濟端，《皈依天德聖教四十六年回憶錄》（香港：天德聖教，1980），無頁碼。

[140] 蕭昌明口述，鄧協池抄錄，秦淑德、黃思苓等編，《局外禪音》上集（臺南：財團法人天德聖教念字聖堂，1986），頁95-116。

[141] 蕭昌明，〈沉香甘露水〉，收入王笛卿，《王笛卿夫子筆言二集》（臺南：天德聖教念字聖堂，1988），頁48。

不過從方術而言，正統佛教並未有相關的方術或理論與「精神療養」相關，反而與常常以「佛教」為名的民間佛教或祕密結社之教門有類似「醫療」之方術儀式。誠如臺南大學清代史專業之邱麗娟教授根據清宮檔案與教門文獻研究，得出中國明、清時期（1368~1912）的民間佛教或祕密教門發展會透過氣功、符咒或茶葉等作為媒介的「醫療」行為，為人醫治吸引人求道入教，尤其清嘉慶年間（1760~1820）在四川、陝西、湖北一帶的白蓮教成員都會透過這種「醫療」來替人們治病。[142] 就此現象可知，在蕭昌明年少成長的活動範圍，可能有被這些民間佛教或相關教門文化薰陶，而使之成年傳教其間有類似的方術行使之。

　　儘管蕭昌明的童年與民間或正統佛教有過接觸，但這些思維並沒有真正影響到其未來開創「精神療養」法門，之後在青年的時候曾在青城山萬佛洞有過修行，根據《一炁宗主談經・入塵章》與《局外禪音》中並無特別針對此事說明，最多只談到蕭昌明在此處參禪，並收徒李玉龍一人。[143] 不過就青城山而言，此處為道教聖地，相傳是道教正一道（天師道）「祖天師」張道陵天師（34~156）得道飛升之處。另外，再根據《大同真經》收錄之《一炁宗主剛正真經》曾提及，蕭昌明在

---

[142] 邱麗娟，《清乾嘉道時期民間祕密宗教醫療傳教活動之研究》（臺北：新文豐出版股份有限公司，2011），頁 3-9、54、76。

[143] 蕭昌明，《一炁宗主談經・入塵章》，頁 6。

1926 年於湖南省長沙縣洞庭湖一帶舉辦「雲城大會」時，曾迎請方襲職兩年的道教教主——嗣漢第六十三代大真人張恩溥天師（1894~1969）共同主法。[144] 由此可知，蕭昌明在道教，尤其是正一道內的因緣相當地深，若僅只是佛教徒、民間教門或祕密結社人士，豈會在天德聖教初露鋒芒時迎請張天師坐鎮法壇，因此合理推斷蕭昌明青年時期受道教薰陶甚深，而且在道教內具有影響力。

另外，對蕭昌明具有真正啟迪性的，是被天德聖教弟子與教眾認為是天上仙佛——「淩雄主宰　天樞佐相」（雲龍至聖）倒裝（下凡附體）的遊化術士「鄒君」。蕭昌明在歷經清末變革與民國肇建時，曾入伍從軍，並曾被世間戰亂的負面氛圍影響，而蔓生出「以殺止殺」之念想。之後因這位「鄒君」的引領，幾年來兩人在四川、湖南兩省遊歷與論道，而使蕭昌明重新回到修道的路途，並促成天德聖教的誕生。[145] 最為關鍵的是，「鄒君」可能為啟迪蕭昌明「醫治」方術的人。根據《一炁宗主談經・入塵章》記載，蕭昌明經由「鄒君」開導後，便懷有「眾人之苦為己苦，眾人之難為己難。」[146] 之情懷，同時他也感慨：「吾肉體在世，見眾生盡落於苦海茫茫之中，欲救此劫，必先救道，欲救道

---

144 蕭昌明，《一炁宗主剛正真經》，收入《大同真經》（臺南：天德聖教念字聖堂，1988）頁 18-19。
145 蕭昌明，《一炁宗主談經・入塵章》，頁 10-15。
146 蕭昌明，《一炁宗主談經・入塵章》，頁 17。

必先救人，欲先救人心，必須與人以利，惟利可以動心，然而財寶有限，惟救人疾病。」[147] 故蕭昌明拜別「鄒君」後，便在四川、湖南一帶為人「醫治」疾病，同時傳道。當時具體的「醫治」情形不得而知，還需更多史料與研究發現，再行討論。

參、「精神療養」學說的思想建構

蕭昌明有關「精神療養」的核心著作為《精神治療解說》，此書亦有註解即蕭氏弟子佘子誠著之《精神療養淺解》。[148] 前者作為蕭昌明的思想核心與整個「醫治」行為的操作原理，後者為佘子誠針對其師的著作與個人的實踐經驗的陳述。但就「醫治」而言，除了要瞭解行使過程，但更重要的是這個學說的思想是如何建構的。有關此思想的操作與內涵，蕭氏另一位弟子王笛卿（1891~1975）在《中國精神療養無形針治經穴學》（1971）的序文內清楚的點出：

> 蕭公昌明夫子，集群聖之真言，成為廿字，傳世醒迷，進修德業，培元養正，並創精神治療之妙

---

[147] 蕭昌明，《一炁宗主談經・入塵章》，頁 17。
[148] 蕭昌明，《精神治療解說》（臺南：天德聖教念字聖堂，1988）。佘子誠，《精神療養淺解》（臺南：天德聖教念字聖堂，1988）。

法，開四千年未有之奇術，濟世救人，德大同
天，不用草木金石精華之藥物，更不用玉石金質
之針砭，用人手三指，即精氣神，名曰無形針，
（非師授不可）是疾皆可醫，治療時，不近人
身，著手成春，世人皆知。[149]

就王笛卿在序文的介紹而言，蕭昌明開創的「精
神治療」（即精神療養）是歷史上從沒有過的特殊醫
術，而且不需要「侵入式治療」（藥物、針灸），僅用人
手「三指」懸於人體即可「醫治」。不過此法有個前
提，必須皈依蕭昌明，才能夠習得這套方術。由此回顧
蕭昌明著作《精神治療解說》，精神療養在「醫治」的
表象是以「三指」進行，但其內理則不僅僅王笛卿在序
文所稱的簡要，而是包含豐富的道學基礎。對「三指」
的意象，王笛卿點出此為「精氣神」，但在蕭昌明的思
想中，「三指」不僅意謂「精氣神」，而是個人（小周天
/小天地）與宇宙（大周天/大環境）之中的「正氣」
（祖炁）產生的調和作用，會以「無形光」的方式調養
人體，而這所謂表象的「三指」則是「醫治」人體的媒
介。[150] 《精神治療解說》的序文說明：

---

[149] 王笛卿，《王笛卿夫子筆言二集》，頁 10。
[150] 蕭昌明，《精神治療解說》，頁 1-2。郭家樑、王笛卿，《中
國精神療養無形針治經穴學》（臺北：中國精神療養研究
會，1970），無頁碼。

自古良醫，無不正本清源，夫人既屬正氣而生，
必以正氣相治，正氣者，即浩然之空氣也……，
人無養氣，不足以生，昆蟲草木，莫不皆然。天
有三寶，日月星，人有三寶，精氣神。[151]

又《精神治療解說》內文說明：

吾今提倡廿字，治人身心，挽回世運，道德興而
時和世泰，禮義足則國治家齊，廿字為聖賢之
母，佛仙之基，天經地緯，包含化育之中，陽長
陰生，不外中和之理，混然一氣，有生生不息之
機，道化三才，有穆穆含元之象……，乃以廿字
精神，解人民之痛苦，祇求四知感應，無迷信之
神傳，著手成春，莫非正氣使然也。[152]

從《精神治療解說》可知，蕭昌明的「精神療
養」即是透過施術者的「三指」，把「正氣」注入患者
身中。除了知曉「三指」分別代表著天之三寶「日月
星」（又稱「三光」）、人之三寶「精氣神」與道之三才
「天地人」；亦可知天人三寶與道之三才都為「正氣」
所現，而所謂「正氣」的本質則為蕭昌明畢生提倡之
「廿字眞言」，即「忠恕廉明德，正義信忍公，博孝仁
慈覺，節儉眞理和」等二十字。在其思想中，「廿字眞
言」內蘊含的能量已為「正氣」本體，也是一切教化與

---

[151] 蕭昌明，《精神治療解說》，頁 4。
[152] 蕭昌明，《精神治療解說》，頁 24-26。

救世良方的根本。尤其蕭昌明在經典《廿字眞經》曾言:「先天之炁,太極之根。」[153] 所言「先天之炁」意指「廿字」。在此能理解爲,天德聖教是透過「廿字」作爲與「正氣」連結的媒介,抑或是「廿字」爲抽相「正氣」之具象化,正所謂蕭昌明教言:「以相度相」。

　　蕭昌明之「精神療養」學說,在表象行法與目標是以「醫治」來幫助世人,並使之信仰「廿字」,皈依入教,這點與明清以來的祕密結社與教門所行醫治的目標性是一致的。較爲不同的是,蕭昌明的「醫治」學理相對紮實許多,而且當中思維邏輯又與道教正一道在唐、宋時期發展出得「雷法」有著密切關係。尤其「精神療養」之「三光」(日月星)概念,便與祕傳之《上清天心正法》的內理一致。[154] 按《上清天心正法》道教的「三光」是以太陽、月亮與星耀之光芒作爲養生、練氣與修行「內丹」之旨要,因爲這「三光」本爲祖炁顯化,是孕育一切生命的基礎。而人若通過修行而得有「三光」的能量,不僅能夠養生,還能夠書畫成符咒、宣令鬼神與降妖伏魔,甚至能夠昇化登仙,歸眞於道。[155] 因此,若撇除宗教性的神蹟與傳說,這可以理解爲蕭昌明年少時曾在青城山修道時,曾自當地高道處學習

---

[153] 蕭昌明,《廿字真經》(臺南:天德聖教念字聖堂,1988),頁 1。
[154] 余三翅編,《天心密旨》(嘉義:臺灣法教學院,2011),無頁碼。
[155] 余三翅編,《天心密旨》,無頁碼。

「雷法」，並在其弘揚天德聖教時，以嶄新的信仰精神（廿字）與原先的道教的內理學說結合，而成爲具有「醫治」性質的「精神療養」。

肆、「精神療養」對民國時期中國大陸的影響

事實上，不僅天德聖教有所謂的「精神療養」，早在民國肇建之初，便有受國外「類醫學」風氣影響，引入了類似西方催眠術或精神引導的「醫治」方式。其中最爲有名的是 1920 年代在中國較爲盛行的「類醫療」方法爲京兆地方（北京市與直隸省）與天津市盛行的「精神醫療」，此方法係由金文弼所創立的「類醫學」學科，主張「不打針、不吃藥、不催眠」的醫療方式，每次診療爲 10 銀元。[156] 由於當時的中國是非常貧弱的社會環境，儘管西洋醫學已經引入國內，但平民百姓仍然無法負擔診療與藥材費用。同一時期，有民國第一大報之稱的《申報》卻報導在另外的「類醫學」見證，與在京兆地方流行的「精神醫療」高度相似，都是主張「不打針、不吃藥」，此即蕭昌明的「精神療養」。

---

[156] 〈金文弼診病說明〉，《大公報天津版》，8 版（天津，1928 年 7 月 25 日）。〈介紹精神醫療家金文弼〉，《大公報天津版》，1 版（天津，1929 年 9 月 25 日）。

根據 1933 年 7 月 15 日《申報》的報導——〈精神療養免費濟人：宗教哲學研究社所附設〉，內文說明著上海、南京宗教哲學研究社與東方精神療養院向南京國民政府登記成立過程，同時也述說該社秉持蕭昌明的「廿字」信念，以此作爲挽救當時社會道德淪喪的狀況，以及推廣免費的「精神療養」來爲人「醫治」，這使每日詢問求診者高達 50 至 60 人。[157] 另外一則《申報》報導則是上海富紳章文通因接受「精神療養」而獲得改善的見證，根據 1933 年 9 月的報導——〈章文通鳴謝宗教哲學研究社精神治療〉，文中大致說明：「章文通因罹患失眠症 3 年，時至今夏越發嚴重，以致身體狀況連連。之後求診於蕭昌明的弟子戚張的慰問，以及宗教哲學研究社附設精神療養院 20 日以來的幫助下，逐漸康復。因有此好消息，特登報向全國同胞宣說。」[158] 章文通的見證個案較爲有趣的是，在他經過「精神療養」的「醫治」後，不僅大力贊助上海宗教哲學研究社與東方療養院的資金運作，還正式在上海皈依天德聖教，並成爲蕭昌明的首席十八位弟子（十八眞君）之一，並被蕭昌明指派爲駐紮上海的開導師。[159]

---

[157] 〈精神療養免費寄人：宗教哲學研究社所附設〉，《申報》，4 張（上海，1933 年 8 月 15 日）。毛帝勝，〈蕭大宗師史料簡編：申報〉（未出刊，2018），頁 2。

[158] 〈章文通鳴謝宗教哲學研究社精神治療〉，《申報》，3 張（上海，1933 年 9 月 1 日）。毛帝勝，〈蕭大宗師史料簡編：申報〉，頁 3。

[159] 王笛卿，《手札》（臺南：天德聖教念字聖堂藏，1975）。

不過，正當蕭昌明的宗教哲學研究社與之推廣的「精神療養」，使得許多人入社皈依，這對當時處在訓政時期（1928~1947）執政的南京國民政府當局而言是相當大的威脅，先是在 1934 年 6 月 6 日，國民黨蘇州黨部取締蘇州吳縣的宗教哲學研究社，編造與事實相違理由稱「蕭昌明並未依法登記社團，宣傳怪誕邪術。」[160] 最為嚴重者是自 1936 年 7 月起，從中國國民黨中央民眾訓練部發布「民訓字號第 285 號：轉令取締宗教哲學研究社」指示，以江蘇省江山縣宗教哲學研究社「以邪術誘人」為理由，通牒全國縣市黨部與警政機構，紛紛以「倡導迷信」、「焚符治病」、「愚弄鄉里」等理由取締天德聖教的開導師與信仰者。[161] 自此，各大報紙與畫報均順應著國民政府的意志有報導反對「精神療養」的報導，使天德聖教的「醫治」活動與弘道發展受到嚴重阻礙，甚至地下化活動。直到 1950 年代後，隨著中國大陸赤化，天德聖教開導師輾轉入香港與臺灣，「精神療養」的「醫治」操作才死灰復燃，並獲得大量見證至今，然而此非本研究討論部分，故暫不述之。

　　回顧蕭昌明的「精神療養」，此方術並非在 1930 年代才出來的，從歷史的角度來看，是在 1929 年時《精神治療淺解》問世後，才正式確立此「類醫學」學說或

---

[160]　〈〔蘇州〕黨部請取締宗哲社〉，《申報》，3 張（上海，1934年 6 月 6 日）。毛帝勝，〈蕭大宗師史料簡編：申報〉，頁 7。
[161]　陳肇英，「民訓字號第 285 號：轉令取締宗教哲學研究社」，《福建黨務月刊》（福州，1936），頁 12-13。

宗教「法科」。故於此推斷，蕭昌明當年雖處在長江流域各省弘揚天德聖教，但期間可能多耳聞華北地區盛行的「精神醫學」。蕭昌明提出的「精神療養」所宣傳的廣告詞一樣爲「不打針、不吃藥」，差別就在於其爲「免費」，而使許多人蜂擁而至，並藉此入教。除了宣傳因素外，就蕭昌明的學習經歷而言，認爲人要無私的互助，並要建立大同世界。基於此，「醫治」需要透過付費才能獲得，對蕭昌明而言是相當難理解的。蕭昌明對自己與弟子們都相當嚴格，甚至在 1934 年 1 月 23 日，還因爲弟子藉「精神療養」與推廣「廿字」收取費用，而以《宗教哲學研究社章程》第 19 條「藉道斂財」爲由將其逐出師門。[162] 因此，蕭昌明與在他之前提出此「類醫學」的金文弼一樣，很可能都是當時民國初期「類醫學」影響下的結果與見證者。

---

[162] 〈上海宗教哲學研究社緊要通告〉，《申報》，3 張（上海，1934 年 1 月 23 日）。

伍、結語

　　「精神療養」是天德聖教教主蕭昌明在清末民初以自己的學習經歷與當時流行的「精神醫療」對話而來的「類醫學」方法與民間宗教新興「法科」。就蕭昌明在 1929 年出版《精神治療解說》後，把自己過去受參與過的民間教門與在道教正一道內的修學經驗，而主張以「正氣」作爲施行與推動「精神療養」根基，而這個「正氣」的根本與具象化表現，即蕭昌明期待能改善世界風氣的「廿字眞言」，這也是天德聖教的根本教旨。

　　根據蕭昌明的學理，「精神療養」的能量，爲「正氣」轉化之「無形光」，內涵著天地人、精氣神與日月星，作爲暢通人體，已達醫治疾病、排除體內疾病的效果。因此蕭昌明不僅保留過去所學的方術智慧，也結合自己的教道理念，並巧妙的與當時潮流推行「精神醫療」進行結合並改善。而使當時仍明爲宗教哲學研究社的天德聖教發展迅速，短短十年內使之成爲長江流域的最大宗教群體，而這樣的「奇蹟」雖然之後受南京國民政府忌憚，但這些歷史記錄與事件也是爲「精神療養」的效果帶來另類見證。

徵引書目

- 〈〔蘇州〕黨部請取締宗哲社〉,《申報》,3 張(上海,1934 年 6 月 6 日)。

- 〈上海宗教哲學研究社緊要通告〉,《申報》,3 張(上海,1934 年 1 月 23 日)。

- 〈介紹精神醫療家金文弼〉,《大公報天津版》,1 版(天津,1929 年 9 月 25 日)。

- 〈金文弼診病說明〉,《大公報天津版》,8 版(天津,1928 年 7 月 25 日)。

- 〈章文通鳴謝宗教哲學研究社精神治療〉,《申報》,3 張(上海,1933 年 9 月 1 日)。

- 〈精神療養免費寄人:宗教哲學研究社所附設〉,《申報》,4 張(上海,1933 年 8 月 15 日)。

- 毛帝勝,〈天德聖教《德藏經》編纂緣由與意義〉, 2018 成大、輔大宗教研究生雅敘學術研討會」之會議論文集。

- 毛帝勝,〈蕭大宗師史料簡編:申報〉,未出刊,2018。

- 王笛卿,《手札》,臺南:天德聖教念字聖堂藏,未出版,1975。

- 王笛卿,《王笛卿夫子筆言二集》,臺南:天德聖教念字聖堂,1988。

- 佘子誠，《精神療養淺解》，臺南：天德聖教念字聖堂，1988。

- 余三翊（余法宸）編，《天心密旨》，嘉義：臺灣法教學院，2011。

- 邱麗娟，《清乾嘉道時期民間祕密宗教醫療傳教活動之研究》，臺北：新文豐出版股份有限公司，2011。

- 曹新宇，《祖師的族譜：明清白蓮教社會歷史調查之一》，新北：博揚文化，2016。

- 莊仁德，《顯靈：清代靈異文化之研究—以檔案資料爲中心》，臺北：國立臺灣師範大學歷史學系，2004。

- 郭家樑、王笛卿，《中國精神療養無形針治經穴學》，臺北：中國精神療養研究會，1970。

- 陳肇英，「民訓字號第 285 號：轉令取締宗教哲學研究社」，《福建黨務月刊》（福州，1936），頁12~13。

- 盧禹鼎編著，《蕭昌明大宗師傳》，臺北：天德堂總堂，1977。

- 蕭昌明，《一炁宗主談經・入塵章》，臺南：天德聖教念字聖堂，1988）。

- 蕭昌明，《廿字眞經》，臺南：天德聖教念字聖堂，1988。

- 蕭昌明,《精神治療解說》,臺南:天德聖教念字聖堂,1988。
- 蕭昌明口述,鄧協池抄錄,秦淑德、黃思荂等編,《局外禪音》上集,臺南:財團法人天德聖教念字聖堂,1986。
- 鄺濟端,《皈依天德聖教四十六年回憶錄》,香港:天德聖教,1980。

天帝教序幕：李玉階與天人教的歷史[163]

壹、前言

　　李玉階（d.1994），本名鼎年，道名極初，自號涵靜老人，1900 至 1994 年間住世，係江蘇省武進李氏春華公派下二十三世傳人。[164] 歷史上，李玉階以《自立晚報》負責人與天帝教首任首席使者的身分為眾人所知，然而在成為首席前，他曾歷經天德聖教、華山修道及天人教教主等，尤以曾任「天人教教主」身分鮮為人知。「天人教」，是民初華中地區盛行的民間教派——天德聖教（正式註冊名稱：宗教哲學研究社）的衍伸教門，亦為 1980 年「天帝教」的前身。

　　由於天人教時期的歷史文獻雜多，許多年代不易斷定，除了以具天帝教同奮身分的歷史學家劉文星（道名：普珍）編著之《李玉階先生年譜長編》初步瞭解天

163　本文改寫自：毛帝勝，〈試探歷史上的天人教 （1944-1980）〉，《覺明雜誌》，90（臺南，2019）。內文有根據新進史料進行調整與修改，感謝天帝教教史委員會提供史料圖像。

164　劉文星，《李玉階先生年譜長編》（南投：帝教出版社，2002），頁 19、54。

人教的成立緣由與紅心字會救濟活動；亦從相同時期天德聖教藏之第一手文獻、民初上海《申報》等等，並與相關前人研究交叉對照，以嘗試建構天人教的緣起至天帝教成立前的歷史記事。

貳、李玉階的求道過程

有關李玉階的求道歷程，可追自 1914 年，時年 14 歲的李玉階因考中上海民立中學，要離開江蘇赴外求學，臨行前，其母劉清靜（d.1935）取出父親李德臣（d.1914）臨終前手抄的《太上感應篇》與《文昌帝君陰騭文》二部經書，望其能好好閱讀，成為一位良人。可以說，家人給予的經書，為李玉階啟發了日後對宗教的熱誠。對此，據李玉階晚年於天帝教教導「天命奮鬥與時代使命研究」時口述道：

> 我就是受了我父親這兩本手抄本的影響，這是我開始進入三期末劫就打下一點基礎，這個也是我父親生前替我安排的。[165]

求學過程中，李玉階經歷上海民立中學、上海中國公學（大學），並曾在第一次世界大戰後，參與五四愛國運

---

[165] 財團法人天帝教，〈涵靜老人簡介：從誕生到西北弘教〉，天帝教（http://tienti.info/greatmaster/greatmaster-young/），最後瀏覽時間：2018.10.31。

從教門發現歷史
天地會、天德聖教、天人教與西天大佛教　　126

動（1919），成為中國上海公學學生代表，這也成為李玉階與學界、政治界及商界接觸之契機。1920 年，李玉階初次接觸靜坐，並對此長期學習，這也間接促成日後創立「靜心靜坐」與「中國正宗靜坐」課程的遠因。大學畢業後，李玉階加入中國國民黨，先後於 1923 至 1928 年間擔任上海菸酒公賣局局長、上海財政局長、國民政府財政部長宋子文（d.1971）的簡任祕書。隨著與政商人士的接洽愈多，李玉階在上海逐漸成了重要仕紳。[166]

1930 年，李玉階在南京工作間，正逢宗教大同推進社創始人、天德聖教教主——蕭昌明（d.1943）宣道。當時李玉階感慨國事多變、人心不古，知道蕭昌明的道理後，立即向其皈依。關於此，李玉階在天德聖教的師兄——王笛卿（d.1975）於 1974 年 11 月 13 日之日記中記載：

> 本人（王笛卿）是民國十五年（1926）皈依　昌公夫子（蕭昌明）門下，李玉階、王震南等十九年（1930）皈依。[167]

皈依蕭昌明後，李玉階專心奉行天德聖教教義（廿字，即「忠、恕、廉、明、德、正、義、信、忍、公、博、

---

[166] 劉煥玲，〈道與國－涵靜老人《清虛集》之研究〉，中華民國宗教哲學研究社，《宗教哲學季刊》，第 78 期（2016.12），頁 4-5、9。

[167] 王笛卿，「11 月 13 日」，《日記：民國六十三年》，1974。

孝、仁、慈、覺、節、儉、眞、禮、和」），並發願組織
學習群體闡揚聖道。1933 年 3 月 30 日，蕭昌明著手成
立學術團體，他先指示學生——佘子誠、樂一鴻、茅祖
權等人以「南京特別市宗教哲學研究社」名義向國民政
府進行合法註冊社團，以闡揚廿字理念。[168] 對在首都
創社一事《申報》於 1933 年 4 月 13 日報導：

> 京中政、學、商各界，蕭昌明等為維持社會品
> 德，挽回世道人心，特組織宗教哲學研究社，就□
> 德字典中選二十字，奉為信條。參加者已達三百
> 餘人，定在三十日（筆者按：3 月 30 日）在本社舉
> 行成立大會。[169]

自南京宗教哲學研究社（簡稱「宗哲社」）成立後不
久，蕭昌明有感人身時有病苦，而將自身研發之「精神
療養」[170] 傳授給學生們，並另設置東方精神療養院照
顧病人。關於此，《申報》於 1933 年 7 月 15 日以「精神
療養免費濟人」爲題報導：

---

[168] 劉文星，〈天德教教主蕭昌明大宗師行年簡考〉，第二屆蕭
大宗師宗教哲學研討會。

[169] 〈京中有人組宗教哲學研究社〉，《申報》（上海），
1933.4.13，第三張。

[170] 精神療養：又稱「精神治療」；天帝教改稱「天人炁功」。
是基於人心不古造成萬病茲生而發明的特殊療法。蕭昌明
也對學生們囑咐，使用精神療養救濟病患，絕不能另收診
金，執行療養目的是為了拯救世人病苦與提倡廿字真理。
令參考自：蕭昌明，《精神治療解說》（1929），行品，《德
藏經》（臺南：念字聖堂，1986）。

四川蕭昌明先生，道德高尚，哲學深蘊，已於南
京發起宗教哲學研究社，本先聖立教教人之旨，
集「忠、恕、廉、明、德、正、義、信、忍、
公、博、孝、仁、慈、覺、節、儉、真、禮、
和」廿字，為治心修深知本，勸勉世人，身體力
行，敦風化俗……。其精神療養一事，求治者日
有五、六十號之多，當茲人心不古，氣候失常，
六淫增風，每多異症，經治療，輒見奇效，不收
診金，純屬慈善性質，提倡道德，拯救病
苦……。[171]

廣傳廿字教義與精神療養後，求道者不斷，其中 1933
年 9 月，上海仕紳章文通因罹患失眠症三年，在蕭昌明
學生——應張（同篇報中又寫作「戚張」）協助下，透過
精神療養二十日痊癒，便發願推廣天德聖教。[172] 除了
張貼感謝函於各大報之外，章文通也時常參與宗哲社活
動，過程中可能也和李玉階有了認識。1933 年 12 月 31
日，在蕭昌明的指導下，王一亭、王曉籟、李玉階與章
文通等人成立宗哲社的上海據點，李玉階擔任社團與道
務負責人，而章文通擔任東方精神療養院主任。[173]

---

[171] 〈精神療養免費濟人〉，《申報》（上海），1933.7.15，第四
張。

[172] 章文通，〈章文通鳴謝宗教哲學研究社精神治療〉，《申報》
（上海），1933.9.1，第四張。

[173] 〈視察各地社務，蕭昌明由漢來滬〉，《申報》（上海），
1935.12.14，第三張。〈庇寒所貧民日增〉，《申報》（上

1934 年夏季，李玉階參加蕭昌明主持之全國傳道師資班，並進行閉關。同年 9 月 9 日，李玉階完成訓練與閉關修行。當日，蕭昌明授李玉階度牒，囑其到陝西弘揚聖道，並擔任陝西開導師。[174] 1935 年 3 月，蕭昌明親赴西安參加「陝西宗教哲學社」成立大會，開啟了李玉階嶄新的傳道生涯，這也為其日後創立天人教的重要時間關鍵。[175] 於下部分，會探討李玉階被安排至陝西傳道緣由，及天人教的建立過程。

參、天人教的建立過程

　　回顧李玉階師兄——王笛卿在 1974 年 10 月的日記寫到：

> 昔年，吾 師尊昌公夫子曾分派李同道玉階到陝西省弘揚廿字，他在陝西就開辦開導師訓練班，繼之……自稱天人教。[176]

這則文字所敘述的歷史時間即 1933 年 8 月，那時蕭昌

海），1934.1.12，第四張。王笛卿，「11 月 13 日」，《日記：民國六十三年》，1974。

[174] 葉惠仁，〈天德教在臺灣的發展（1926－2001）〉（新北：淡江大學，2003），頁 36、129。

[175] 王笛卿，「10 月 13 日」，《日記：民國六十三年》，1974。劉文星，《李玉階先生年譜長編》，頁 55、93。

[176] 王笛卿，「10 月 13 日」，《日記：民國六十三年》，1974。

明派李玉階至陝西省傳道，並開辦開導師訓練班，直至其另立「天人教」期間。有關李玉階會被派往陝西的原因，就法國人類學者宗樹人（David A.Palmer）在其文──〈道與國：李玉階對華山道教的再造〉認為：

> 在接受任務之後，很快地，李的政治靠山失勢了，而讓他自由地與其家人離開南京。他被派去擔任財政部西北總視察，負責山西、陝西、寧夏、甘肅與青海的業務。在西安，陝西省主席邵力子──五四運動時期李玉階的一個老伙伴，對李供其庇護與協助。[177]

就文中述，李玉階原在上海的「靠山」（宋子文部長）倒臺，而使其可以自由地離開南京，而能受蕭昌明指示到西北地區傳道。[178] 但又說到，與其曾一同參與學運的時任陝西省主席邵力子（d.1967）為其提供協助與政治庇護，從此除了可見李玉階在國民黨內的影響力外，也可以推測李玉階可能是出自「志願」，而向蕭昌明提議到西北地區傳道。就此，可從 1933 年初的兩則事件推斷。第一，1933 年 1 月 1 日，上海宗哲社承「諸天垂

---

[177] 宗樹人（David A.Palmer），〈道與國：李玉階對華山道教的再造〉，轉引自：劉文星，〈評〈道與國：李玉階對華山道教的再造〉〉，第六屆天帝教天人實學研討會（2008），頁174。

[178] 宗樹人（David A.Palmer），〈道與國：李玉階對華山道教的再造〉，轉引自：劉文星，〈評〈道與國：李玉階對華山道教的再造〉〉，頁174。

演」寫出天德聖教經典——《德教闡微》，彼時蕭昌明指示李玉階擔任經典校對，可說是委以重任；[179]

　　第二，1934 年 1 月 23 日，上海宗哲社在《申報》發表的開除通告，即開除參與《德教闡微》侍筆的葉孝侯（道名：極五），理由是「藉道斂財，查有實據」。[180]當時上海宗哲社負責人即李玉階，開除通告可能是由李玉階單方面執行或蕭昌明指示李玉階執行，具體情況如何，暫無史料佐證。由此推測，蕭昌明與李玉階此時互動應是良好的，且蕭昌明對李玉階有著一定的信任，故李玉階欲前往西北傳道、設置陝西據點，蕭昌明都同意其想法，這可能基於李玉階在上海宗哲社表現傑出的關係。除此之外，隨著抗日戰爭爆發，蕭昌明曾希望李玉階回黃山芙蓉居宏道，但遭婉拒。然而，蕭昌明仍親自提筆「雲海」二字於當時李玉階修行的華山蒼龍嶺，師徒之情甚深，由此可見一斑。[181]

---

[179] 上海宗教哲學研究社，《德教闡微》，卷一（上海：上海大東書局，1937），頁 1。李玉階，《涵靜老人天命之路》，轉引自：天帝教教史委員會，天帝教教訊（http://magazine.tienti.org/book/tdmagz-311n2/311n2-24-01/），最後瀏覽時間：2018.10.25。劉文星，《李玉階先生年譜長編》，頁 40。

[180] 上海宗哲社，〈上海宗教哲學研究社緊要通告〉，《申報》（上海），1934.1.23，第三張。

[181] 劉文星，《李玉階先生年譜長編》。王笛卿，《日記：民國六十三年》，1974。就筆者研究，「雲海」很可能是蕭昌明賜給李玉階的山人號（道號），但還需要更多資料佐證。

說回 1933 年 5 月，彼時李玉階一家離開上海前往陝西後，上海宗哲社轉由章文通接辦開導師職務。起初，李玉階透過邵力子協助而結識陝西紅卍字會[182] 兼濟生會[183] 負責人路禾父（d.1956），並在其協助下，李玉階一行人進駐位在西安市的陝西濟生會據點。路禾父特別允許李玉階將濟生會的兩層樓會館，除了濟祖殿外，都作為陝西宗教哲學研究社的活動場域。7 月 15日，蕭昌明指示李玉階辦理第一屆陝西開導師訓練班，之後他又將手邊的傳道資料、聖訓、師訓、儀規、章程及上課教材等編纂成冊，即《闡教法乳》，此為早期的天德聖教重要史料集冊之一，也是目前天帝教在研究天德聖教歷史的核心依據。[184] 1937 年，李玉階因故舉家至華山修道，並自號「涵靜老人」李玉階回憶修道期間接觸許多華山老道，可能在這個時候受華山道派的影響，而使其講求靜坐法門；同一時期，李玉階也以其夫

---

182 紅卍字會：是由山東省民間教派——「道院」（1920－今）發起的慈善救濟團體，主張「濟世救人，安定社會，促進世界和平為宗旨」。另參考自：社團法人世界紅卍字會臺灣總主會（http://www.home-one.org.tw/），最後瀏覽時間：2018.11.5。

183 中國濟生會：1915 年，上海善堂兩扶乩團體以濟公活佛為主祀對象而成立的民間救濟團體。可另參考：王見川，〈清末民初中國的濟公信仰與扶乩團體：兼談中國濟生會的由來〉，《民俗曲藝》，162 期 （2008.12），頁 139－169。

184 李玉階編，《闡教法乳》（西安：陝西宗教哲學研究社，1935）。劉文星，《李玉階先生年譜長編》，頁 94。天帝教極院教史委員會編，《天帝教簡史》（新北：帝教出版有限公司，2005），頁 16－18。

人過純華過去在家鄉「侍光」抄錄的「皇誥」作唸誦修行。[185] 李玉階在華山修行約五年，期間他將自己的神學見解寫成《新宗教哲學思想體系》（現改名作《新境界》，爲今天帝教核心教義，1942 年出版）一書。[186]

1943 年 1 月 16 日（農曆民國壬午年 12 月 10 日午時）[187]，蕭昌明於黃山芙蓉居歸眞，其繼室昌慈（宋明華，天德聖教內稱「聖師母」，d.2011）成爲天德聖教的新領導者，只是蕭昌明部分弟子不服從昌慈的領導，而另外組織新教派。湖南開導師閻仲儒（d.1949）自稱「五教教主」、「二代祖師」，並在漢口另立「求實善堂」，又叫「進化文社」；湖南湘鄉道友陳穎舉自稱「彌勒佛轉世」，自創新典籍、道規，在湘鄉另立「覺聞分社」；陝西華山的李玉階則自稱「天人教主」、「天一教主」，另立「天人教」，但創教初期李玉階的追隨者不多，天德聖教內多數道長也無響應，甚至斥責另立道門。即使如此，願意相信李玉階並改信天人教的道友仍在陝西與甘肅一帶持續傳道。[188]

---

[185] 劉文星，《李玉階先生年譜長編》，頁 55、109。葉曉娟，〈天帝教救劫、消業妙法：祈誦（皇）誥心法之「超科學轉運原理」初探〉，天人研究總院
（ http://academy.tienti.org/binder/conf_003_07.pdf ），頁 68。

[186] 劉文星，《李玉階先生年譜長編》，頁 55。

[187] 蕭昌明治喪委員會，「蕭昌明大宗師訃告」（1944），影印本，天德聖教念字聖堂藏。

[188] 陸仲偉，《民國會道門》，譚松林主編，《中國祕密社會》，

然而，在天德聖教繼承紛亂中，李玉階另創新教過程究竟為何呢？根據《李玉階先生年譜長編》記述：

民國 32 年（西元 1943 年）43 歲

元月　按蕭教主於黃山證道時，先生即於清虛玄壇得到此一訊息，並奉天帝頒詔，被命為道統五十五代天人教主，以應天心而維道脈，完成三期使命。時天帝詔曰：「……至五十四代，更名天德，……李卿極初，……，創教於西北，……敕書名以新宗教，命教名天人教……。」

無生聖母又詔曰：「……述李卿極初之創樹，訂立教義為新宗教，敕命名為天人教，李卿為天人教主……。」

數日後陝社方面才接到安徽屯溪電報局發來的蕭教主治喪委員會訊息，電報輾轉送至華山。先生遂立即趕赴西安陝西省宗哲社及紅心字會，開喪成服。越三日，先生謹遵天帝詔命，於西安教壇陞座，就道統第五十五代天人教主之職。[189]

觀上述紀錄，1943 年（民國 32 年）1 月，李玉階陞座為「五十五代天人教主」，並創「天人教」。見《李玉階

　　第五卷（福州：福建人民出版社，2002），頁 181。王笛卿，「10 月 13 日」，《日記：民國六十三年》，1974。

[189] 劉文星，《李玉階先生年譜長編》，頁 134。

先生年譜長編》年代斷定，是按李玉階提供的文獻——天帝（高上玉皇赦罪大天尊玄穹高上帝）與無生聖母聖訓於「天運甲申年 2 月 15 日、18 日」（即西曆 1944 年 3 月）之兩篇「聖訓」及其對按李玉階晚年口述得知：「蕭教主證道時即接旨奉命任五十五代天人教教主職」之訊息。[190] 但按 1944 年初蕭昌明治喪委員會發之「訃告」記載：

> 治　等罪孽深重禍延　顯考蕭公諱昌明府君，痛於中華民國 32 年 1 月 16 日（即農曆壬午歲 12 月 10 日）午時壽終黃山芙蓉居正寢。治　等隨侍在側親視含殮遵禮成服移　石屋，朝夕哭奠泣擇於 33 年 7 月 3 日（甲申歲 5 月 13 日）……。[191]

綜合《李玉階先生年譜長編》與蕭昌明訃聞推斷，1943 年 1 月 16 日蕭昌明歸眞後，李玉階可能在 1944 年 3 月收到訃文或透過其他方式得知訊息，並在之後「領受」天帝與無生聖母的聖訓成爲天人教教主。按《李玉階先生年譜長編》，在李玉階陞座教主後未久，其長子李子弋（道名：大慎；道號：維生，d.2016）[192] 透過「侍光請訓」得到「蕭教主」（指已故蕭昌明）頒演之《天德

---

[190] 劉文星，《李玉階先生年譜長編》，頁 134，註 127。

[191] 蕭昌明治喪委員會，「蕭昌明大宗師訃告」（1944），影印本，天德聖教念字聖堂藏。

[192] 臺南念字聖堂覺明雜誌社，〈李子弋教授訪談會紀要〉（1995.3.17），《覺明雜誌》，第 44 期（1995.7），頁 40-70。

教主普濟渡人廿字眞經》，即目前天帝教同奮奉行之
《天人日誦廿字眞經》。[193] 該眞經日期記署爲「民國 32
年（1943）歲次癸未 8 月朔日」，這可能在李玉階成爲
教主前便已頒佈此經。暫不論經典成書時間如何，在
《天德教主普濟渡人廿字眞經》收有一篇「天德教蕭教
主」降示的〈垂禪文〉，文中記道：

> 稽茲大道　溯生天帝　效法自然　行于上下　歷
> 易隆亙　世紀丕光　迄迄斯今　盤古制創　承天立
> 極　開來繼往　帝德初佈　軒轅輝昌　堯舜祖興
> 文明啟張　緒續先聖　仲尼憲章　鈞天主教　統
> 御五宗　或釋或道　曰聖曰賢　五洲共仰　十方同
> 瞻　吁斯有天德　替襲鈞天　普道施德　體行好
> 生　廿字燦爛　松柏青青　咨爾極初　教遍西北
> 主宗天人　宣斯教義　盛矣媲美　天曆在爾　天命
> 在身　汭汭穆穆　惟一矢終　以昭皇后　以侍上
> 帝　教涉極初　濟御蒼生　念茲在茲　釋茲在茲
> 乃共奮鬥　同趨平等　丕武丕文　丕顯丕烈　萬世
> 同春　延福千秋　庶壽天民　永耿大塊　日月昭
> 昭　山河礦礦　懋兮惕淑　浩哉其勉[194]

---

[193] 劉文星，《李玉階先生年譜長編》，頁 144，註 128。
[194] 財團法人天帝教天人文化院及天帝教資訊委員會，《天人日
誦廿字真經》，天帝教官網
（http://culture.tienti.tw/node/117）。

從〈垂襌文〉，除確立李玉階任天人教教主之「正統性」，也形塑出天人教的「道統」教義，即承襲自天帝、盤古、三皇五帝、儒、道、佛至蕭昌明之道統。故本文暫推，李玉階創立天人教的時間可能爲 1943 年 9 月至 1944 年 3～7 月間。此外，李玉階創天人教後，也另頒布新經典，爲日後在臺灣成立天帝教教義奠定重要基礎。[195]

1945 年 8 月 15 日，日本裕仁天皇（d.1989）宣布投降，中國結束長期對日抗戰，中國各地天德聖教道友爲重整道務與團結社群，以湖北汪秉成、王少陔及安徽劉秉森、佘子誠爲首的開導師共同擁戴蕭昌明遺孀——昌慈主持道務（擔任「主教」），並於 1946 年 3 月，昌慈在黃山芙蓉居主持 128 日法會，此時天德聖教發展逐漸穩定。[196] 同一時期，李玉階、李夫人過純華與天人教道友們則是在陝西省西安始院，慶祝天人教成立三周年，期間與華中的天德聖教高層沒有直接往來。[197] 隨著《雙十協議》的失效，國、共兩黨再啓戰端，使中國內部展開大規模遷徙潮，不久後中華民國政府敗退南

---

[195] 財團法人天帝教天人文化院及天帝教資訊委員會，《天人日誦廿字真經》，天帝教官網（http://culture.tienti.tw/node/117）。王笛卿，「農曆 10 月 13 日」，《日記：民國六十三年》，1974，天德聖教臺南念字聖堂王笛卿夫子紀念館藏。

[196] 陸仲偉，《民國會道門》，譚松林主編，《中國祕密社會》，第五卷，頁 181。

[197] 劉文星，《李玉階先生年譜長編》，頁 35。

方，許多宗教領袖出境、流亡，其中以遷至香港、臺灣
爲多。當中，天德聖教的主教昌慈與教內高層遷至香港
青山；李玉階一家則是在 1949 年 5 月遷入臺灣。李玉
階遷臺緣由，在天帝教方面的傳說記到：

> 勝利前夕，崑崙諸祖與雲龍至聖對涵靜老人未來
> 之安排，告曰：「爾另有使命，趕快下山，準備到
> 蓬萊仙島去。」[198]

傳說中，崑崙山諸位隱士與早年和蕭昌明一同修道的鄒
君[199] 告誡李玉階，趕赴臺灣，另續天命。[200] 無論這則
傳說眞實與否，李玉階赴臺不可否認是其對環境情勢有
著細膩判斷，而做出之決定。除了上述幾則可能，宗樹
人認爲：

> 他（李玉階）的合夥人欺騙了他，使得他被迫宣
> 布倒閉，但他（李玉階）還是感激他（合夥人）
> 因而在臺灣有了落腳處，並決定全心投入於修道
> 中。[201]

---

[198] 劉煥玲，〈道與國—涵靜老人《清虛集》之研究〉，頁 7。
[199] 天帝教多稱「雲龍至聖」，就天德聖教內部而言，鄒君在蕭
昌明創教前便已歸眞。
[200] 宗樹人（David A.Palmer），〈道與國：李玉階對華山道教的
再造〉，轉引自：劉文星，〈評〈道與國：李玉階對華山道
教的再造〉〉，頁 174。
[201] 宗樹人（David A.Palmer），〈道與國：李玉階對華山道教的
再造〉，轉引自：劉文星，〈評〈道與國：李玉階對華山道
教的再造〉〉，頁 174。

天德聖教與天人教篇

宗樹人主要指出，李玉階在入臺灣前，曾與人談好要在臺灣投資事業，但因爲合夥人失信，被迫倒閉。關於宗樹人敘述，根據《天帝教簡史》紀載，確實有談到李玉階在好友潘公展（時任上海市議長，d.1975）介紹下認識復旦大學同學陸費鐸。陸費鐸自稱是臺灣福臺公司負責人，邀請李玉階合作。1948 年，李玉階先到臺北勘查公司狀況，發現公司負載累累、資產虛報。爲維持公司經營，李玉階時常往返臺北、上海兩地，同時，隨著國共內戰的擴大，李玉階一家才遷至臺灣。[202] 李玉階對到臺灣機緣，只要談到福臺公司一事便會說：「顧名思義，造福臺灣……，何況這個破爛攤子，畢竟還是我們一家渡蓬萊仙島的跳板，一切一切，無形中早有安排，應三思之！」[203]

肆、天人教在臺發展

　　1951 年 9 月，李玉階承接《自立晚報》，成爲一名監督政府、爲民喉舌的媒體人。除了在世俗層面事業逐步起色，在宗教方面，其天人教的道務推廣漸緩，甚至無公開宣道。李玉階本人則專個人靜坐修行，並常在報刊發表對於國家未來、中華文化傳承與宗教哲學之理

---

[202] 天帝教極院教史委員會編，《天帝教簡史》，頁 32-33。
[203] 天帝教極院教史委員會編，《天帝教簡史》，頁 33。

念。[204]

　　1953 年底，李玉階的師兄王笛卿自香港抵臺，並開辦自家佛堂，以精神療養爲人醫治，同時也在高雄市左營、新興等區推廣蕭昌明的廿字教義。然而，在王笛卿手札（1966）中，收有記錄天德聖教道友聯絡冊，當中記有李玉階夫婦的姓名、電話、住址。[205] 1966 年，王笛卿以「中國精神療養研究會」（簡稱中精會）成立弘揚廿字之學術團體，希望藉此推廣天德聖教。[206] 然而在 1974 年，天德聖教內的道友王德溥（曾任內政部長，d.1991）等人認爲王笛卿成立中精會，使天德聖教窄化成一學術團體，而失其宗教性質。因此，王德溥聯合李玉階、蕭昌明之子蕭治（d.2018）另外成立「天德聖教中華民國總會」（簡稱德溥派，以免與今天德聖教總會混淆），與王笛卿的中精會分家，使臺灣天德聖教組織一分爲二。王德溥雖依著黨國身分優勢，認爲可以成功另立總會，但其提議仍被內政部駁回，儘管如此，中華民國政府仍允許德溥派自由運作，然而，天德聖教的分裂狀態一直維持到 1987 年，王德溥將其派下總會權力轉交給王笛卿的坤道弟子——道監秦淑德

204　劉煥玲，〈道與國—涵靜老人《清虛集》之研究〉，頁 7-8。
　　　劉文星，《李玉階先生年譜長編》，頁 184。
205　王笛卿，《手札》，1966，天德聖教臺南念字聖堂資料庫藏。
206　王笛卿，《手札》，1966，天德聖教臺南念字聖堂資料庫藏。

（d.2008）爲止，臺灣的天德聖教總會才暫時合流，但其中有關之後轉型成的中華民國天德教總會（今中華天德聖教總會）與中精會之間的微妙關係，因非探討重點，故不贅述。[207]

從天德聖教相關資料得知，1960～1980 年代，李玉階逐漸恢復其宗教活動，但此次他並非打著原先另立的天人教招牌，而是回流至天德聖教體系繼續弘道，更進一步地參與天德聖教內部道務，與王德溥等人同爲高層，當時李玉階更擔任德溥派總會顧問，但在參與過程中漸與其他天德聖教道友疏遠。[208] 按現有資料觀之，李玉階彼時未特別強調自己爲「天人教教主」身分，反而回歸爲天德聖教的道長，與其他天德聖教成員一同努力發展教道。尤其在 1976 年 11 月，天德聖教啓玄寶殿開光大典時，李玉階曾公開致詞：

謹逢啟玄寶殿落成開光大典，敬將當年在華山奉無形古佛一炁宗主光諭頒布天德聖教道統三代奉獻，俾後世教徒知其本源。

玉階自民國十九年皈依　師尊以來戰亂頻仍，環顧上海受訓同門，人間僅存我一人，天涯海角劫

---

[207] 宋光宇，〈當前臺灣民間信仰的發展趨勢〉，《宗教與社會》（臺北：東大圖書，1995），頁 233。轉引自葉惠仁，〈天德教在臺灣的發展（1926~2001）〉，頁 60。
[208] 王宗銘，〈天德教簡史〉，收於王光增編，《無形古佛與蕭大宗師》（彰化：彰化初院，2003），頁 132。

後餘生，願將殘軀剩餘精力繼續為本教向國際進軍，以報道統始祖，暨　師恩於萬一也。爰誌經歷大事，以供將來編修本教教史之資料云爾……。

涵靜老人　李玉階謹誌時在民國六十五年歲在

丙辰十一月於復興基地臺灣省臺北市[209]

由此可知，李玉階藉啓玄寶殿開光大典抒發自己這幾年來傳承教道的過程、緬懷曾經和他在上海宗哲社一同努力過的同道外，他也發願晚年要將天德聖教宏傳至國際，並將天德聖教的史料做彙編，以報答蕭昌明之恩德。然而，除了天德聖教方面文獻外，同樣在 1960 至 1980 年代的歷史紀事天帝教也留有資料，但若將天德聖教與天帝教史料做對照分析，卻反映出另一種歷史訊息，即此時李玉階在宗教信仰方面有著多重身分，也就是說，李玉階不僅是天德聖教道長，他也仍保有天人教教主身分。

自 1976 年起，李玉階開始在臺灣成立「天人研究基金會」，這可能預表著其標榜的天人教在臺灣重啓活動，之後兩年將基金會改名為「中華民國宗教哲學研究社」，推行靜坐法門，開授中國正宗靜坐班第一期。[210]

---

[209] 李玉階，〈啟玄寶殿啟用致詞〉（1976），天德聖教念字聖堂資料庫藏。

[210] 劉怡君，〈李玉階〉，全國宗教資訊網

1979 年 1 月，李玉階認為蘇聯～阿富汗戰爭（1978～1989）可能會造成「三期末劫」的降臨，在李玉階的觀點裡，即「第三次世界大戰」（核子戰爭）。為了防止「三期末劫」降臨，李玉階率領靜坐班 20 位同學一同誦皇誥祈求上帝不要降災劫，並祈求上帝恢復「道統」第一代的「先天天帝教」，以挽救劫難。同年 7 月 15 日，李玉階發表〈為何要在地球上復興先天天帝教〉，由此篇文章可知，李玉階即將以因時代需求作為轉型天人教的理由，並為日後「復興天帝教」鋪路。[211]

　　1980 年 12 月 27 日，李玉階稱領受來自玄穹高上帝首相──李特帶來的聖旨：

奉宇宙大主宰玄穹高上帝天帝教主御旨頒布：

晉封道統第五十五代天人教凡間教主李卿極初為天帝教駐人間首任首席使者……。[212]

據李玉階口述，原先上帝在 12 月 21 日降旨，要指派其為「天帝教教主」，但李玉階惶恐萬分，而謙退，並上表乞請上帝兼任教主。（可參考圖 4）之後再於 12 月 27 日頒布新詔書，讓李玉階成為天帝教第一任首席使者，並於隔年 1 月 1 日陞座。至此李玉階自陝西成立的天人

（https://religion.moi.gov.tw/Knowledge/Content?ci=2&cid=498）。

[211] 劉文星，《李玉階先生年譜長編》，頁 289－290。

[212] 劉文星，《李玉階先生年譜長編》，頁 295。

教正式步入歷史，而其原先擁有之天德聖教道友及天人教教主身分也由天帝教首席使者取代。[213] 即使身分轉變成首席使者，李玉階在 1980～1987 年間仍保有天德聖教德溥派總會顧問職務，有關兩種身分重疊下，李玉階當時的思維處境，今日因史料匱乏，而無法摸索，只能期待研究天帝教教史的歷史研究者發掘，並解答之。

伍、結論

　　1943 年 1 月，蕭昌明歸真，隨後天德聖教陷入權力真空，部分道長們另開門戶，在如此紛亂的情勢下，李玉階可能基於維護天德聖教在陝西的勢力，而透過「侍光請訓」獲得天上仙佛（無生聖母、玄穹高上帝）及已故其老師蕭昌明的名義頒布的聖訓，在 1943 年初將其晉爲「天人教教主」（或天一教主）而成立「天人教」，並透過聖訓內文，建構出新道統，將天人教定位爲道統五十五代，而天德聖教則爲五十四代。李玉階會有如此作爲，先排除無形玄妙的可能性，極有可能的是，因爲蕭昌明歸真導致天德聖教各省教權混亂，爲了鞏固陝西地區道業穩定，而將自己新豎爲正統天命傳承，即將蕭昌明的正統於自身重新建構。

---

213 劉文星，《李玉階先生年譜長編》，頁 295。

1949 年 5 月，李玉階舉家遷入臺灣。自此起十餘年的時間，李玉階並無發起明顯的宗教活動，頂多在報章刊物上撰文評論時事、分享自身宗教理論等等。1953年，李玉階師兄——王笛卿赴臺辦道，在 1953 至 1966 期間，兩人重新互動，而李玉階在此期間與李夫人過純華恢復天德聖教道友身分。1966 年 4 月，王笛卿成立中精會後，天德聖教在臺灣正式推廣。但在 1974 年，王德溥因與王笛卿宣教理念不同，另立德溥派總會，並邀請李玉階、蕭治等人參與，李玉階在德溥派擔任顧問，但雙方因理念不合，幾年後就分道揚鑣。然而期間，李玉階也逐漸恢復自身的宗教工作。1976 年，李玉階成立天人研究基金會，表示著天人教又再次活動；兩年後更名爲中華民國宗教哲學研究社，並教受靜坐，也將其於華山修行時的「皇誥」誦念儀式一並傳授社團學員。

　　1980 年初，李玉階有感蘇聯與阿富汗的戰爭，並擔心第三次世界大戰（核子戰爭）爆發，於是偕同靜坐班同學們一同頌唸皇誥，至此也進入天人教的新轉折。即李玉階率學員請求上帝將在地球復興「天帝教」，以挽救災厄。1980 年底，透過仙佛聖訓的支持下，李玉階確立自己的新地位——天帝教首席使者，並在 1981 年元旦陞座，至此，天人教正式成爲歷史，畫上句點。不過，這新生的天帝教不僅持去弘揚蕭昌明的〈廿字眞言〉外，還繼續使用天人教時期的經典——《天人日誦大同眞經》、《天人日誦平等眞經》、《天人日誦奮鬥眞

經》、《天人親和北斗徵祥眞經》與《天人親和眞經》，繼續傳承天人教的理念宏願。（見表 1）

表 1：天人教簡要紀事（1943～1982）

年份	紀事
1943	1 月 16 日，蕭昌明於黃山芙蓉居歸眞，遺孀昌慈成爲天德聖教領導人。蕭昌明部分弟子不服昌慈領導，另立道團。像是湖南開導師閻仲儒另立「求實善堂」（之後改名爲進化文社）、湖南湘鄉開導師陳穎舉另立「覺聞分社」。李玉階陞座「五十五代天人教主」（又稱天一教主），在陝西成立天人教，陝西省宗教哲學研究社轉型爲天人教西安始院，正式脫離天德聖教黃山總壇，而天人教弟子字輩序宗從原先宗主（蕭昌明）制定的「無極大光，明性中天」，可能轉引〈天德衍流〉之「維光普照……」序宗。彼時，天人教內多爲極、維二字輩之弟子。 9 月，李玉階之長子李子弋頒布《天德教主普濟渡人廿字眞經》與〈垂擅文〉，宣告天人教的正統地位。但此舉也引來天德聖教各省開導師不諒解，甚至批判李玉階的行爲。
1944	7 月 3 日，天德聖教守孝期滿，蕭昌明治喪委員會正式舉辦追悼。 10 月，天人教頒布：《天人日誦大同眞經》、《天人日

	誦平等眞經》、《天人日誦奮鬪眞經》，即所謂「天人日誦經典」。遂後，天人教主李玉階前往甘肅省蘭州傳道，之後設置甘肅省宗教哲學研究社。
1945	11 月，天人教頒布《天人親和北斗徵祥眞經》。
1946	1 月，天人教頒布《天人親和眞經》。 3 月，湖北汪秉成、王少陔及安徽劉秉森、佘子誠等天德聖教開導師共同擁戴蕭昌明遺孀——昌慈爲主教，昌慈在黃山芙蓉居主持 128 日法會，此時天德聖教發展逐漸穩定。 4 月 5 日，李玉階等在西安始院慶祝天人教成立三週年。
1948	李玉階承辦福臺公司，一段時間內往返臺、滬兩地。
1949	5 月，由於國共內戰之係，李玉階蒙崑崙山老道（崑崙地仙）建議，舉家遷臺。
1951	9 月，李玉階承接《自立晚報》，之後長期發表關於局勢、宗教、哲學之相關文章。天人教在臺初期並無對外顯著活動。
1953	王笛卿自香港抵臺，並於摯友龔家寶協助而在高雄辦道，爲人做精神療養，視爲天德聖教在臺開山祖師。
1966	4 月，王笛卿成立中國精神療養研究會，天德聖教道友名冊中，見有李玉階、過純華的紀錄，彼此之間已有聯繫。
1974	王德溥另立「天德聖教中華民國總會」（德溥派），並邀請李玉階、蕭治等參與，李玉階擔任顧問。

1976	11 月，李玉階在啓玄寶殿開光大典時，公開發願晚年要將天德聖教宏傳至國際，並將天德聖教的史料做會編，以報答其師蕭昌明教導之恩。 李玉階之後淡出王德溥的總會，不久成立財團法人天人研究基金會，天人教正式在臺發展。
1978	李玉階將天人研究基金會轉型爲「中華民國宗教哲學研究社」，以紀念其師蕭昌明在中國大陸成立的天德聖教團體，並推行靜坐法門與誦唸皇誥。
1980	1 月，李玉階有感美、蘇陣營在阿富汗較勁，會引發第三次世界大戰（核子戰爭），爲避免連累無辜仲生，而帶領宗哲社同學誦皇誥，求上帝不要降災劫。 7 月 15 日，李玉階撰寫〈爲何要在地球上復興先天天帝教〉，由此可知天人教即將轉型爲「天帝教」。 12 月 21 日，玄穹高上帝下旨，封李玉階爲天帝教教主，李玉階不敢當，上表謙退，並希望上帝擔任天帝教教主。 12 月 27 日，玄穹高上帝下旨，天上李特首相頒詔，敕封李玉階爲天帝教首席使者。
1981	1 月 1 日，李玉階正式陞座天帝教駐人間首任首席使者。
1982	重新印製天人教經典，並將之作爲天帝教經典。

資料出處：本文研究整理。

圖 1：1946 年 4 月 5 日，天人教成立三周年慶典紀念
照，李玉階爲中立者。（圖片提供：財團法人天帝教極
院教史委員會典藏）

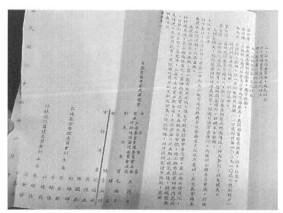

圖 2：1977 年 6 月 11 日之〈德教中國總會法相設置會
議紀錄〉，即王德溥另立天德聖教中華民國總會，李玉
階擔任該會顧問。（圖片提供：天德聖教臺南市念字聖
堂王笛卿夫子紀念館典藏）

圖 3：1979 年 7 月，中華民國宗教哲學研究社中國正宗
靜坐班第一期上課情形。（圖片提供：財團法人天帝教
極院教史委員會典藏）

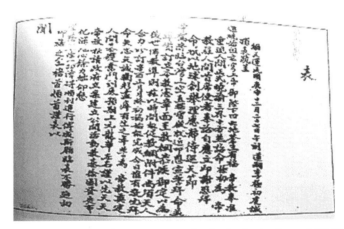

圖 4：李玉階向道統始祖玄穹高上帝上表。（圖片提
供：財團法人天帝教極院教史委員會典藏）

徵引書目

- 上海宗教哲學研究社,《德教闡微》,上海:上海大東書局,1937。
- 天帝教極院教史委員會編,《天帝教簡史》,新北:帝教出版有限公司,2005。
- 天德聖教覺明雜誌社,〈李子弋教授訪談會紀要〉(1995.3.17),《覺明雜誌》,第 44 期(1995.7),頁40~70。
- 王光增編,《無形古佛與蕭大宗師》,彰化:彰化初院,2003。
- 王笛卿,《手札》,1966,天德聖教臺南念字聖堂資料庫藏。
- 王笛卿,《日記:民國六十三年》,1974,天德聖教臺南念字聖堂王笛卿夫子紀念館藏。
- 宇泰(毛帝勝),〈讀申報有感:報導中的蕭大宗師與宗哲社〉(2018.10.20),中華天德聖教 Google 平臺(https://goo.gl/7Nsxeb)。
- 宋光宇,〈當前臺灣民間信仰的發展趨勢〉,《宗教與社會》,臺北:東大圖書,1995。
- 李玉階,〈啓玄寶殿啓用致詞〉(1976),天德聖教念字聖堂資料庫藏。
- 李玉階編,《闡教法乳》,西安:陝西宗教哲學研究社,1935。

- 財團法人天帝教天人文化院及天帝教資訊委員會，《天人日誦廿字眞經》，天帝教官網（http://culture.tienti.tw/node/117）。
- 財團法人天帝教極院教史委員會提供典藏照片。
- 陸仲偉，《民國會道門》，譚松林主編，《中國祕密社會》，第五卷，福州：福建人民出版社，2002。
- 葉惠仁，〈天德教在臺灣的發展（1926~2001）〉，新北：淡江大學歷史學系碩士學位論文，2003。
- 葉曉娟，〈天帝教救劫、消業妙法──祈誦（皇）誥心法之「超科學轉運原理」初探〉，天人研究總院（http://academy.tienti.org/binder/conf_003_07.pdf）。
- 劉文星，〈評〈道與國：李玉階對華山道教的再造〉〉，第六屆天帝教天人實學研討會（2008）。
- 劉文星，《李玉階先生年譜長編》，南投：帝教出版社，2001。
- 劉怡君，〈李玉階〉，全國宗教資訊網（https://religion.moi.gov.tw/Knowledge/Content?ci=2&cid=498）。
- 劉煥玲，〈道與國──涵靜老人《清虛集》之研究〉，中華民國宗教哲學研究社，《宗教哲學季刊》，第 78 期（2016.12），頁 1~26。
- 蕭昌明治喪委員會，「蕭昌明大宗師訃告」（1944），影印本，天德聖教念字聖堂藏。

西天大佛教篇

從唐山到臺灣：民間法教「西天大佛教」法脈傳承考

壹、前言

　　西天大佛教，原名「西天大佛法」，教內簡稱「西佛」，為嶺南地區——即今中國廣東省與廣西壯族自治區所流傳的民間法教（巫術），又稱為「大顯威靈」教門，該門蘊含符法與內功修練二科。[214] 民國 109 年（2020）起，由嘉義縣民雄鄉應德宮宮主兼西天大佛教傳教師余法宸（1992~今）首在臺灣闡教，為自西元 20 世紀以來，少數自境外傳入的嶺南民間法教（又稱「南粵法教」）。基於民間法教傳承多為「口傳心授」與「法本祕藏」，若無傳教師親傳口教與指導操作，儘管常人擁有法本，也無法真正領會本內符咒深意，甚至是行法內各科。經余法宸同意下，得而拍攝西天大佛教師牌（見圖 1）與斟酌引用該教法本，而從中見得諸多「神

---

[214] 西天大佛教亦有別明為「西天佛法」，誠然嶺南與南洋（馬來西亞）地區都有同名的「大顯神威」教門，但在師牌祖師紀錄方面不同，而且傳教師之間並無相關傳承。有關其他派門的「西天佛法」，另見：易隱燕，〈南傳法中的祕傳之法：西天佛法〉，貼文時間：2021 年 2 月 2 日，搜狐網站（https://www.sohu.com/a/448276608_100155415），最後瀏覽時間：2021 年 8 月 6 日。

號」，而這些「神號」背後則為此教門的傳承，以此機緣而對此教門展開法脈源流嘗試探討之。然而，西天大佛教為祕密傳承法門，故許多符咒祕意傳教師與法師並無法在本研究中公開，而無法系統性研究之。

基於此，本研究先撇除祕密不能公開之部分，旨在初步探討自應德宮藏有文獻資料為核心，從中找尋相關文字線索，進而回推此教門的可能傳承。故本研究將先說明西天大佛教的現代傳承，就釐清自余法宸以前的中國大陸師承衍流得瞭解此西天大佛教的影響範圍，與傳教期間可能因傳教師的背景而對教門內的傳承法本進行「建構」。[215] 再者，從余法宸藏於應德宮的西天大佛教師牌（神牌）與傳承法本《西天大佛教》內流傳的文字記錄進行解構，從此推斷此教門法派的歷史傳承之可能。

貳、西天大佛教的當代傳承

就西天大佛教傳承而言，目前余法宸為該教門在臺灣唯一在中國大陸習法的傳承者，其於民國 106 年（2017）飛赴廣西壯族自治區與羅法聖學習西天大佛教與六壬仙教，而羅法聖的傳承則是與廣東省眞武壇的尤

---

[215] 可能接觸其他法門或職業背景，而會影響，甚至再建構此教門原有的法本傳述。

元海（?~2014）有關。[216] 根據教派內說法，尤元海為西天大佛教現代傳承中最傑出的傳教師，羽化後被其弟子們尊為「尤師元帥」與「尤元五郎」。（見圖2）[217] 有關尤元海的傳說事蹟相當多，其中「廣東茶樓」的故事最為此教門弟子流傳。

　　根據余法宸口述，尤元海曾在茶樓品茗時見一婦人，該婦表明其子身患疾病，無藥可救。尤元海伸指虛空比畫符印，並慰言予婦人：「你兒子沒事了，別擔心。」婦人回家，看到兒子奇蹟康復，此事使尤元海名氣大顯。[218] 由此故事亦能表明，進入中華人民共和國時期（1949~今），西天大佛教在中國的傳承重點在於「行法」，也就是解決當前問題的法術行使，而較不著

---

[216] 西天大佛教傳燈：「尤元海→尤立輝→羅法聖→余法宸（開臺闡教）。」資料出處：余法宸口述，訪談時間：2021 年 8 月 1 日，訪談工具：Facebook 通訊軟件。

[217] 教內說法：六壬仙師賜封尤元海為「尤師元帥」，而閭山封郎職名為「尤元五郎」。

[218] 余法宸在其臉書粉絲專頁寫道：「本教尤師爺，曾行法於廣東湛江，與弟子聚會茶樓之際，有村婦得聞大名急來求助。因其子中邪數年醫治無效，神經錯亂癲狂無休。尤師爺只在酒席之上，在左掌書寫本教諱字，遠程朝其村落遙開三掌而去，施法後告知婦人回去便好了。後果如此，回到家中，見其子恢復如初，一時本教名聲更振。這用的便是本教破邪之法，妙不可言。」詳見：余法宸，「開運祕法」粉絲專頁
（https://www.facebook.com/lickylife/photos/2018959831542004），貼文時間：2019 年 6 月 25 日，最後瀏覽時間：2021 年 8 月 6 日。余法宸口述，訪談時間：2021 年 7 月 3 日，訪談工具：Facebook 通訊軟件。

重教理精神。儘管教內流傳有《太陽經》、《觀音救苦第
一經》（簡稱「觀音救苦經」），但主要都是作爲「行
法」與修練之用。[219]

　　就目前得到的資訊而言，尤元海對本研究的重要
性在於其爲目前西天大佛教法傳能夠追溯的源頭，在尤
元海以前的西天大佛教祖師可謂相當難尋，故筆者於此
將尤元海理解爲當代西天大佛教的首位傳教師，不過當
時傳承的名稱仍爲「西天大佛法」（文內統一以「西天
大佛教」稱之）。[220] 尤元海的傳教根據地則在廣東省那
賓村，並在該地成立眞武總壇，主祀北帝（眞武大
帝），在其門下專修西天大佛教的傳人多不詳，目前亦
僅知同在廣東省的弟子尤立輝。尤立輝爲眞武總壇的實
際發起人之一，爲尤元海的「第二號弟子」，並在眞武
總壇與其師（尤元海）一同弘揚西天大佛法與六壬仙
教。[221] 時至民國 103 年（2014）2 月 2 日，尤元海羽
化，私諡「藝洋」。[222] 尤立輝接替成爲眞武總壇負責
人，因業師離世而曾一度沉痛宣布總壇閉門，不再新收
求法弟子。直到來自廣西壯族自治區柳州市的羅法聖向

---

[219] 余法宸編，《西天大佛教》法本（嘉義：應德宮，2019）。
[220] 根據羅法聖的手記，尤元海有一師弟名爲「李○旺」（當事
者匿名），但其是否有西佛的傳承，羅法聖並無表明，故暫
不列之。詳見：羅法聖，「未命名自傳性文件」，嘉義：余
法宸提供，時間：2021 年 7 月 31 日。
[221] 羅法聖，「未命名自傳性文件」。
[222] 拍攝者不詳，「尤元海師公之墓」，嘉義：余法宸提供，時
間：2021 年 7 月 31 日。

尤立輝求法，其誠意感動尤立輝，而使之重新起壇傳法。[223] 基於羅法聖積極學法，獲得尤立輝肯定，而在真武總壇內，那賓村諸多村民的見證下，認定羅法聖為其「第一號弟子」。[224] 此後，羅法聖便回柳州市設壇傳法，並基於一些原因，將此教門的正式名稱「西天大佛法」更易為「西天大佛教」，之後再有民國 106 年（2017）余法宸至其門下習法，成為西天大佛教在臺灣的首位傳人。（見圖 4）

　　余法宸本為正一道天師門人，屬於「三」字輩，道學師承分別為蘇西明（全真龍門道號：至明）與陳文生（正一道號：羅昇）倆位道長。自民國 106 年（2017）取經中國廣西後，並經羅法聖「出四大天門」後正式出師，民國 108 年（2019）6 月余法宸回到其在嘉義縣民雄鄉的宮壇——應德宮，並籌備宏傳在廣西學到的法教，其中包含西天大佛教。余法宸籌備傳教整理法本的同時，在該年 7 月請其同在蘇西明道長門下的師弟陳柏瑜重新謄寫西天大佛教師牌。[225] 正式闡教後，

[223] 羅法聖，「未命名自傳性文件」。
[224] 羅法聖，「未命名自傳性文件」。
[225] 陳柏瑜，facebook 貼文，網址（https://www.facebook.com/permalink.php?story_fbid=2782402405166855&id=100001913671793），最後瀏覽時間：2021 年 8 月 6 日。余法宸，「開運祕法」粉絲專頁（https://www.facebook.com/lickylife/photos/2018959831542004），貼文時間：2019 年 6 月 25 日，最後瀏覽時間：2021 年 8 月 6 日。

余法宸又與其門生葉宗暘（靖元）一同歸廣教道，不僅積極在網路社群媒體宣傳教門，還針對臺灣其他西天大佛教門生的種種「行法」疑難，在民國 110 年（2020）編纂《西天大佛教法科全集》。另外，余法宸亦在該年成立「臺灣法教學院」，以在臺灣宏揚其生命經驗中學習的法教術法。此爲西天大佛教「中國大陸－臺灣」的現代法脈傳承。

　　然而，若要追溯西天大佛教在尤元海以前的傳承相當困難，除了余法宸在他的招生簡介寫道：

> 【符法傳授　西天大佛教】本脈佛法屬於民間教派，與正統佛教並無直接關聯，傳承可追溯至宋元朝，因為當時民間法教不是主流，一直以祕密的方式傳承至今。[226]

由此敘述可知，該教門起源於中國宋、元兩代（960~1368）的祕密結社，而「佛教」則爲其名稱，與正統佛教（指中國的大乘佛教）並無傳承關係。只是該敘述並未有明確的傳承譜系，以及演變歷程的明確記載，故目前僅能根據現有的文獻資料來推測該教門的法傳可能性。今日，嘉義縣民雄鄉的余法宸傳承之西天大佛教法本文獻主要有兩種，分別爲羅法聖傳承給其的

---

[226] 余法宸，「開運祕法」粉絲專頁（https://www.facebook.com/lickylife/posts/2300344340070217/），貼文時間：2020 年 8 月 3 日，最後瀏覽時間：2021 年 8 月 6 日。

《西天大佛教》法本，以及余法宸與葉宗暘編纂的《西
天大佛教法科全集》。[227] 前者收錄師牌複印頁、經文、
咒語以及符法等共 39 個項目；[228] 後者則收有「行法」
操作科目，但基於該教門的祕傳隱私，故不逐一列明。

---

[227] 余法宸編，《西天大佛教法科全集》（嘉義：應德宮，
2021）。

[228] 根據余法宸所寫，其所傳之法科有：「1，本教師牌，傳承
之要 2，請師法咒，開壇之儀 3，太陽經，護身增功之用
4，觀音救苦經，奉持以後家宅清吉，人口安康，亦是增強
靈感之訣 5，太陽顯光法，可以做為顯法將太陽光芒變色
給身邊人看 6，離橋止血訣，法訣持念劍指一指即可止血
7，驅邪趕鬼，千變萬化之用 8，破邪解法，萬用之靈 9，
雙加化，止痛消腫化之用 10，發兵制邪封門 11，壓鬼禁
鬼破邪，可勅製法香，淨宅驅邪 12，騎龍訣，此法用出，
可令一方土地恭迎，輔助法事 13，發兵懲惡，禁人之用
14，三陽驅邪，增補陽氣 15，護身祕棍，祭練器物防身之
用 16，三其制敵法，可迎高手拳師 17，請師放鬼之法用
（擇人傳授） 18，放鬼入屋法，懲罰惡人之用（擇人傳
授） 19，紅蓮總符，可增功破法治病，剋制白蓮教 20，
佛教總符，化水治病增功 21，千里繩，和合之法，又可追
回出走之人 22，趕人法，亦可做感情隔開之用 23，陰風
雷電，驅邪懲惡之訣 24，收鬼法，立獄收邪於水碗 25，
封神，將邪壇鬼神封禁（擇人傳授） 26，遣神，破除邪
師邪法壇（擇人傳授） 27，封身禁邪 28，理顛狂人，治
中邪神經發狂之法 29，禁鬼 30，禁人 31，火龍金剛咒，
護身驅邪之用 32，八大金剛法，驅邪淨宅之用 33，七佛
護身符 34，佛法大吉符 35，佛法驅邪禁符 36，解蠱破雞
鬼法 37，如來五指山，拿人魂魄，或治病驅邪 38，制人
懲惡法，擲符入屋，令房屋倒塌 39，江湖急救招財法，水
碗催財之用。」詳見：余法宸，「開運祕法」粉絲專頁
（https://www.facebook.com/lickylife/photos/2018959
831542004），貼文時間：2019 年 6 月 25 日，最後瀏覽時
間：2021 年 8 月 6 日。余法宸口述，訪談時間：2021 年 7
月 3 日，訪談工具：Facebook 通訊軟件。

基於此，經余法宸同意，所幸能閱覽《西天大佛教》法本內文，並著手研究此類文獻內的可能傳承。

　　儘管要瞭解完整法脈傳承有一定的困難度，這是基於在帝制時期，包含西天大佛教在內的民間教門（包含非正統道教的符籙派）都是不爲歷代政權所能接納的「邪教」，自宋、元時期起官方便有取締摩尼教（明教）、白蓮教與以「彌勒佛」或「孔雀明王」爲名義傳到的教門，也就是具有類「救世主」色彩與「反抗現有制度」的祕密結社；尤其明、清時期（1368~1912）的朝廷更常對所謂的「邪教」祭出嚴厲處分。[229]

　　故當時需多不被官方認可的教門，除了只能隱於地下祕密傳道，還有的甚至還與天地會、白蓮教、天理教等反朝廷的祕密結社聯合，以致這些教門都無法公開

---

[229] 像是清帝國針對巫術與邪教規範之〈僧道、術士、師巫及邪教倡導者之取締〉記載：「凡師巫假降邪神，書符咒水，扶鸞禱聖，自號端公太保，師婆及妄稱彌勒佛、白蓮社、明尊教、白雲宗等會，一應左道異端之術。或隱藏圖像，燒香集眾，夜聚曉散，佯修善事，煽惑人民，為首者絞監候；為從者各杖一百，流三千里。若軍民裝扮神像，鳴鑼擊鼓，迎神賽會者，杖一百，罪坐為首之人；里長知而不首者，各笞四十，其民間春秋義社以行祈報者不在此限。」詳見：臺灣銀行經濟研究室編，《臺灣私法人事編》（臺北：臺灣銀行經濟研究室，1961），頁 224-225。明、清時期針對「邪教」的相關懲處，亦可另見：莊吉發，《真空家鄉：清代民間祕密宗教史研究》（臺北：文史哲出版社，2002），頁 49-55。

的傳揚教道。[230] 因此，當時的民間教門往往會把門內的祖師或重要成員用「隱逸」或「暗號」的方式隱藏在師牌（神牌）、經文等媒介之中。[231] 於此部分，本研究變針對上述隱藏媒介解讀之。

參、西天大佛教師牌（神牌）解讀

西天大佛教的師牌，教門內又稱為「神牌」，係將該教門主祀神祇與歷代重要祖師的聖號書寫在牌位上。西天大佛教有單一師牌與較全面的法壇組合，前者即師牌主體，書寫有歷代祖師名諱與符文；後者即神牌以外，還有由羅法聖所提對聯──「法傳東土號西天大佛教；教闡南粵伏北魔」與「大顯威靈」之匾。[232] 然而，較為師牌主體，即牌位上書寫有：（見圖 5）

「將將將」（置頂）

右堂　青年教李哪吒祖師紅蓮大師白蓮大師東方八大仙師（置右）

---

[230] 莊吉發，《真空家鄉：清代民間祕密宗教史研究》，頁 242。
[231] 莊吉發，《真空家鄉：清代民間祕密宗教史研究》，頁 301、422-423、435-439。曹新宇，《祖師的族譜：明清白蓮教社會歷史調查之一》（新北：博揚文化，2016），頁 89-98。
[232] 余法宸口述，訪談時間：2021 年 8 月 6 日，訪談工具：Facebook 通訊軟件。

主上　唐山茅山黎山西江南海觀音通天華光祖師
（置中）

左堂　三十三層雲霧和祖師青丹老祖彌陀佛祖師
彌勒佛祖兵部扣元百萬總兵天陰地府師（置左）[233]

西天大佛教神牌的內容，除了「將將將」（見圖 6）的
花字符文外，內文部分與該教門的「請師咒」（西天大
佛教總咒）基本一致。就師牌本身而言，置頂爲符文，
並分爲主堂、右堂、左堂等歷代祖師的傳承，於此逐一
說明。

「將將將」符文，根據西天大佛教法傳內涵，代
表著「陰將陰兵」，置於神牌頂端，可能意謂著西天大
佛教的祖師本身具備著「武備」性質。在「將將將」正
下方爲「主上」，應爲西天大佛教最爲核心的傳承源頭
與主要崇拜神祇，若與「請師咒」對照，可知「主上」
分別爲唐山聖母、茅山聖母、黎山聖母、[234] 西江聖
母、南海觀音、[235] 通天華光祖師。[236] 「右堂」內文主
要是教門名稱與祖師名號，則可能是西天大佛教所領受
的各大教門傳承，或受之影響甚深者，分別有青年教李

---

[233]　「西天大佛教」師牌。
[234]　「請神咒」稱作梨山老母，民間信仰上驪山、梨山與黎山
　　　相通。
[235]　「請神咒」稱作觀音老母。
[236]　「請神咒」稱作敕封五顯靈通華光大帝。

哪吒祖師、紅蓮大師、白蓮大師與東方八大仙師。[237]
「左堂」內文判斷與「祖師領兵」有關，則可能是西天大佛教領受的法科傳承，分別有三十三層雲霧和祖師、青丹老祖、彌陀佛祖師、彌勒佛祖、兵部扣元總兵、天陰地府師等。[238]

　　就師牌透露的訊息推斷這可能西天大佛教最初的信仰源頭與影響範圍，這得分別從地理與祀神兩方面分析。地理方面，西天大佛教在尤元海以前的影響範圍應在唐山（今河北省）、茅山（今江蘇省）、黎山（今陝西省）、西江（嶺南附近省分）及南海（浙江省）等內，如此大的範圍很可能是西天大佛教祖師各地流傳的地點，也可能是此教門因故「流亡」的路線或據點。[239]祀神方面，所謂唐山、茅山、黎山與西江等 4 位「聖母」，在道教與民間信仰上，僅查有黎山聖母，其餘 3 尊則無，這很可能是將法脈傳承之重要的山頭與江水神格化，視為信仰的起源地或「祖庭」；另外南海觀音在「請神咒」內，與前者 4 位「聖母」（老母）一樣都被尊為「觀音老母」，故又「三山一江一海」，除了地理因素外，這些都是西天大佛教所供奉的最高女性神祇。[240]

---

[237] 余法宸編，《西天大佛教》，無頁碼。
[238] 余法宸編，《西天大佛教》，無頁碼。
[239] 余法宸編，《西天大佛教》，無頁碼。
[240] 余法宸編，《西天大佛教》，無頁碼。

此女神崇拜與中國歷史上多以男性構成的祕密教門或結社較有聯結的，可能即與明代發展出的「無生老母」（無生聖母）信仰有密切關聯；甚至是以這些女神來作為「無生老母」的顯化或借代，起初用以躲避帝制時期的官方查緝，久之便忘記「無生老母」的存在。[241]通天華光祖師，即「請神咒」之「敕封五顯靈通華光大帝」，即是道教與民間信仰的華光大帝（靈官馬元帥、五顯大帝）。[242] 有關通天華光祖師的信仰，其中包含佛教（密教體系）的穢跡金剛（Ucchusma）[243] 與習巫者信仰的靈官元素在內，[244] 可說是民間法教中重要的神

---

241 明代逐漸發展出「無生老母」信仰後，由於其與無為教（羅教）、弘陽教與白蓮教等祕密教門有著緊密聯繫，而成為一種專屬祕密教門的符號。為了躲避查緝，教徒會將「無生老母」與其他女性神明結合，最常結合者有瑤池金母、觀世音菩薩等等。甚至也有學者認為，觀世音菩薩在民間早已被稱為「觀音老母」，進而被祕密教門建構成「無生老母」信仰，眾說紛紜。另見：蕭登福，〈西王母信仰源起及其在歷朝歷代中的神格發展〉，《宗教哲學》51 期（臺北，2010），頁 51-67。于君方著，釋自衍譯，〈魚籃提向風前賣與誰？〉，《香光莊嚴雜誌：女性觀音—中國的觀音信仰（下）》61 期（臺北，1999），頁 78。戚常卉，〈隱形的無生老母：新加坡先天道宗教網絡與變遷〉，《民俗曲藝》（臺北，2019），頁 245-246。莊吉發，《真空家鄉：清代民間祕密宗教史研究》，頁 432-433

242 徐興慶，《東亞文化交流與經典詮釋》（臺北：國立臺灣大學出版中心，2008），頁 231。

243 謝世雄，〈密法與道術——穢跡金剛法與靈官馬元帥祕法中的驅邪法式研究〉，《國文學報》51 期（臺北，2012），頁 1-36。

244 根據清代官員謝金鑾（1757-1820）記載：「今福州所祀五帝，眾以為瘟疫神，群怖之。按五色塑像頗凶惡，民間有

祇之一。

「右堂」之祖師多為民間法教的其他傳承，尤其是青年教、紅蓮教與白蓮教三者，另外祀神即此三教祖師與「東方八大仙師」。紅蓮教與白蓮教均為明、清時期著名的祕密教門，並具有濃厚的「反清」色彩。[245]但其中所謂「青年教李哪吒祖師」與「東方八大仙師」，則不如紅蓮、白蓮二教般具有官方明確的記載。若單純從音譯推測，「青年教」與歷史紀錄之「青蓮教」讀音相似，很可能是歷代祖師「以音記字」之結果。但根據余法宸的口述，「青年教」是由一群信奉哪吒太子的年輕人組織起來的教門，「東方八大仙師」很可能是民間熟悉的「八仙」。[246]若按照此說，信奉哪吒且由年輕人組織的「青年教」，可能與青蓮教有著相當落差。但此崇拜哪吒的特性在清代祕密教門的咒語確實常出現。如清乾隆 55 年（1790）湖廣地區民間教門流傳的治病咒：

小訟不決，擊鼓設誓於其廟，遂釋而亦不及五顯。五顯則自為神，其塑像五人，與所謂五帝者不同。則師巫輩所謂靈官也。然凡此所云，皆五神並祀者。今邑所祀，僅三眼神一人，又不知其為何神也。」詳見：謝金鑾，《續修臺灣縣志》（臺北：臺灣銀行經濟研究室，1962），頁 340-341。

245 野口鐵郎，《明代白蓮教史の研究》（東京：雄山閣，1986），〈紅蓮教と哥老會〉，頁 513-539。

246 余法宸口述，訪談時間：2021 年 8 月 6 日，訪談工具：Facebook 通訊軟件。

八大金剛將，挪吒揭諦神，魁魍化灰塵，窺進乾
坤心，服表斬盡妖，法除盡妖一。去冤忘，化灰
塵，管它病好一齊消，檯著奉請觀世音，四大金
剛揭諦神，十八羅漢前引路，八大金剛獲它力，
真言一一動時，三官撥開雲霧見青天，咱今有了
無價寶，代八金剛來赴凡。[247]

　　咒文開頭便是奉請「八大金剛將，挪（哪）吒揭
諦神」，之後又搭配「觀世音」作為完整咒語的組合。
然而，「哪吒揭諦神」、「八大金剛將」與「觀世音」又
為清代祕密教門最常使用咒文的祖師，甚至部分「後起
之秀」（祕密教門與結社）亦都倡言此咒。[248] 故推斷，
「青年教」可能是當時參與民間教門與祕密結社的年輕
人統稱，並不限於某教門或結社，而他們供奉李哪吒祖
師，應即民間對哪吒信仰的延伸寄託，也就是清代的
「哪吒揭諦神」。因為哪吒不僅是青年樣貌，更是戰鬥
之神。[249] 然而，在「右堂」末句的「東方八大仙師」，
很可能是將清代與「哪吒揭諦神」一同提及的「八大金
剛將」。「右堂」內的紅蓮大師與白蓮大師為誰尚不知為
誰，甚至非指一人，但就史籍看來，紅蓮教與白蓮教均

---

[247] 《軍機處・月摺包》，2744 箱，182 包，44731 號，清乾隆
　　 55 年 6 月 21 日，湖廣總督畢沅奏稿。轉引自：莊仁德，
　　 《顯靈：清代靈異文化之研究—以檔案資料為中心》（臺
　　 北：國立臺灣師範大學歷史學系，2004），頁 409-410。
[248] 莊吉發，《真空家鄉：清代民間祕密宗教史研究》，頁 199。
[249] 劉韋廷，〈神異與多貌—以宗教神話觀點論哪吒太子形
　　 象〉，《輔仁宗教研究》（新北，2018），頁 66。

西天大佛教篇

遵奉觀世音菩薩，這兩個教門本是作爲菩薩的傳承衍派。[250]

「左堂」的祖師，除了三十三層雲霧和祖師、青丹老祖兩位祖師不詳，所謂「彌陀祖師」與「彌勒祖師」，實際上應爲同一位祖師，何以故？自唐代（618~907）以來民間常有假借「彌勒下世」或「彌勒佛」的名義「造反」，使朝廷對彌勒信仰有著相當打壓，讓諸多信奉「彌勒佛」教門唯恐被官方查緝。[251]從明代中葉以來，民間教門逐漸發展以「阿彌陀佛」來借代「彌勒佛」，但爲了與正統佛教淨土宗的阿彌陀佛有所區分，這些教門祖師構思出「十字彌陀聖號」，又稱十字經、十字經咒，即「南無天元太保阿彌陀佛」。[252] 此特殊的阿彌陀佛聖號，也就是這些教門盼望下生人間的彌勒佛，因此教徒往往還會搭配「眞空家鄉，無生父母」之八字眞言一同唸誦。[253] 「左堂」文末爲西天大佛教在靈界所屬的重要軍事力量——「兵部扣元總兵」與「天陰地府師」，其中可能具有照請祖師所撥發

---

[250] 莊吉發，《眞空家鄉：清代民間祕密宗教史研究》，頁 145-146。馬西沙、韓秉方，《中國民間宗教史》（上海：上海人民出版社，1991），頁。

[251] 黃景添，《白蓮教與明代建國》（香港：中華書局，2007），頁 7、12。

[252] 莊吉發，《眞空家鄉：清代民間祕密宗教史研究》，頁 136、151。曹新宇，《祖師的族譜：明清白蓮教社會歷史調查之一》，頁 174-175。

[253] 莊吉發，《眞空家鄉：清代民間祕密宗教史研究》，頁 151。

之「無形兵馬」,以即有權限可以指揮「陰兵陰將」。這些來自靈界的兵將,很可能是反映出後世教門的弟子在一切的作戰中,先前已經犧牲的先輩們化爲陰間兵將繼續發揮生前未盡的軍事功能。

肆、西天大佛教經典解讀——觀音救苦第一經與太陽經

《西天大佛教》當中並非多數民間法教般僅有口訣、咒語與符文,在該法本亦收有兩部經典,分別爲《觀音救苦第一經》(又稱「觀音救苦經」)與《太陽經》。[254] 此二經題從明、清時期至今在民間都相當流行,但這些經典的內文與版本亦因流傳的關係而有落差。然而這兩部經在西天大佛教,《觀音救苦第一經》主要是作爲「行法」,包含用來爲人「解厄」(祈福消災)與「通靈」(讓鬼神附體說話),此經亦可外傳與教外人士;《太陽經》則是用以修練體質的,並只能透過觀望太陽光來執行此法。儘管修行與類型不同,但這兩部經都是西天大佛教門人均需學習的重要經典。[255]

《觀音救苦第一經》,別稱「觀音救苦經」,民間流傳版本亦稱爲「觀音佛祖大救苦眞經」,中華電子佛

---

[254] 余法宸編,《西天大佛教》,無頁碼。
[255] 余法宸編,《西天大佛教》,無頁碼。

典協會稱爲「觀世音菩薩救苦眞經」。[256] 《西天大佛教》所收經文內容爲：

南無大慈大悲救苦救難靈感觀世音菩薩，百千萬億佛，恆河沙數佛，無量功德佛，佛告阿難言，此經大聖，能救獄囚，能救重病，能救三災八苦，若有人誦經一千遍，一生離苦難，若有人誦經一萬遍，合家離苦難，南無佛力威，南無佛力強，此人無惡心，令人身得度，回光菩薩，回善菩薩，阿耨大天王。正殿菩薩，摩休摩休，清淨比丘，官事得散，民事得收，諸大菩薩，五百亞羅漢，救扶弟子○○○（姓名），一生離苦難，自然觀世音，瓔珞不解，勸誦此經千萬遍，卡鎖自然得解脫，信受奉行，佛說真言，金菩金菩提，救阿救阿諦，陀羅尼諦，尼阿羅諦，摩婆卡諦，坤離爾諦，摩婆卡諦，真離坤諦，薩婆訶。[257]

就結構而言，《觀音救苦第一經》經文內容與咒語基本上與坊間流傳的另一部經典《高王觀世音眞經》（簡稱「高王經」）高度相似，兩者皆有「祈請文、諸

---

[256] 不著作人，《觀音佛祖大救苦經》，收入《高王觀世音真經》（高雄：天祥印經處，年代不詳），頁 21-28。不著作人，《觀世音菩薩救苦真經》中華電子佛典協會（http://buddhism.lib.ntu.edu.tw/FULLTEXT/sutra/10thousand/X01n0034.pdf），最後瀏覽時間：2021 年 8 月 8 日。

[257] 余法宸編，《西天大佛教》，無頁碼。

佛聖號、經文效果、眞言（七佛滅罪眞言）」之結構，
很可能《觀音救苦第一經》爲該經之變體，由於此非本
研究探討之重點，故在此不做贅述。[258] 然而，《觀音救
苦第一經》的版本雖多，在清代民間與各教門相當盛
行。

　　清乾隆年間盛行的祕密教門白陽教（《清實錄》稱
「白陽齋」），便有誦持此《觀音救苦經》的紀錄。[259]
白陽教的傳承是從具有羅教、弘陽教（紅陽教）及白蓮
教等教門發展而成的宗派，先後成立大乘教（無爲
教）、清茶會（清茶門教）、清靜無爲教，最後在清乾隆
29 年（1764）由教首王忠順（別名王亨恭）演變爲此
教，這些傳承中談及的都是當時中國境內著名的祕密教
門與相關結社，他們皆有主祀觀音，可見以觀音爲核心
的信仰與經典流傳是相當合理的。[260] 除了《觀音救苦
第一經》，西天大佛教內亦有《太陽經》與修行方法。

---

[258] 不著作人，《高王觀世音真經》，頁 12-20。

[259] 莊吉發，《真空家鄉：清代民間祕密宗教史研究》，頁 146。

[260] 莊吉發，《真空家鄉：清代民間祕密宗教史研究》，頁 145-
146。馬西沙、韓秉方，《中國民間宗教史》，頁 401、598-
597、600。《清實錄：高宗純皇帝實錄》，卷 897，〈乾隆三
十六年十一月下〉，頁 1079-1。轉引：中央研究院歷史語言
研究所、韓國國史編纂委員會，「明實錄、朝鮮王朝實錄、
清實錄」資料庫
（http://hanchi.ihp.sinica.edu.tw/mq1c/hanjishilu?@
19^1130244459^807^^^7021101100080902000010014^1@@927
330955#top），最後瀏覽時間：2021 年 11 月 25 日。

該經記載：

> 太陽菩薩向東來，十重地獄九重開，天羅神，地
> 羅神，人離難，難離身，扶持弟子○○○（法號），
> 一身災殃災難離苦難，頭上所戴珠寶盒，十重地
> 獄九重開，扶持弟子○○○，一身災殃災難離苦
> 難。[261]

　　就經文而言，《太陽經》與清代以來主要流行民間
的《太陽真經》內文並不一致，反而與《太陰真經》的
行文接近，至於原因如何，還需另外探討。除此經文
外，還有祕傳功法是要「觀日內修」之「太陽顯光
法」，以求太陽菩薩護身與占察命運善惡。[262]　此修行
法，尤其在清代民間特別流行，絲毫不亞於上述有關觀
音之經典。以下列舉幾個教門作為例證與說明修行方
式。

　　清雍正 11 年（1734）舊曆 12 月 11 日，官府查禁具
白蓮教色彩的山東省祕密教門——朝天一炷香教（愚門
弟子教），當時官方便有記錄該教教眾信奉太陽，「一日
三時向太陽磕頭，斬求降福消災。」[263] 誠如前述談到
的白陽教，清乾隆 36 年（1771）官方逮捕白陽教教首
王忠順等人後，官方在該教門除有觀音信仰外，還具有

---

[261] 余法宸編，《西天大佛教》，無頁碼。
[262] 余法宸編，《西天大佛教》，無頁碼。
[263] 莊吉發，《雍正事典》（臺北：遠流出版公司，2005），頁
171。

太陽崇拜的性質。教徒每日向太陽供一杯水，嗑頭三次，再誦咒語。[264] 根據當時查案的軍機大臣何煟（？～1774）曾上奏道：

> 拏獲湖北人李元義。在該境奉行邪教。並究出教首朱洪。係湖北應山縣人。現在楚省行白陽教。該犯均係湖北人蔡西若。夏孟烈。吳老四等。轉招入教等語。並據將所傳《太陽經》。及對聯歌詞鈔錄呈覽該犯朱洪等。膽敢妄立教名。傳經惑眾。隔省招誘。殊為不法。必須全行拏獲。毋致漏網。且閱其起獲對聯天換世界人之句。甚為悖誕。[265]

從記錄可知，白陽教在湖北勝一帶盛行，而且教徒間流傳《太陽經》與相關「對聯歌詞」，內容有著「天換世界人」之文句被認為具有反清的隱藏意涵，而被取締。類似白陽教情形者，還有像是清乾隆 57 年（1792）流行在湖北省襄陽縣的西天大乘教，可能是受前身收元教影響，此教同樣有白蓮教色彩，故西天大乘教亦鼓勵民眾以《太陽經》與相關靈文作為修行準則。[266]

---

264 馬西沙、韓秉方，《中國民間宗教史》，頁 597-598。

265 中央研究院歷史語言研究所、韓國國史編纂委員會，《清實錄：高宗純皇帝實錄》，卷 928，頁 478-1~478-2。引自：明實錄、朝鮮王朝實錄、清實錄資料庫：http://hanchi.ihp.sinica.edu.tw/mql/login.html。

266 劉耀仁，〈清代民間祕密宗教末劫思想之研究〉（臺北：國立臺灣師範大學歷史學系碩士學位論文，2006），頁 228。

因此，當時民間教門流傳《太陽經》相當普遍，但往往也與官方忌憚之祕密教門有著相當緊密的連結。根據清史權威莊吉發教授的研究，此類祕密教門的太陽崇拜根本，事實上是從八字眞言發展而來的術法，他提出這種「拜日法門」是由白蓮教衍伸的八卦教所傳，並認爲以八卦教爲首的教們強調功法爲「修煉內功有關禮拜太陽時要人靜，意守玄關，默念八字眞言及靈文，以凝神定注。」[267]

不論此法門儀式起源如何，就「拜日法門」的儀式來看，西天大佛教的傳承亦有與明、清兩代具有羅教與白蓮教色彩的祕密教門或相關結社有著共同的性質，尤其自明末清初之「黃天道」[268] 衍伸出的相關教門——如華北地區民間教門與江南地區的齋教群體（俗稱「菜堂」），在其教眾流傳之經卷中，便有特別以「太陽」爲經題及奉「太陽神」[269] 爲修行主尊或主祀神的現象。

---

[267] 莊吉發，《真空家鄉：清代民間祕密宗教史研究》，頁 383。
莊吉發，《清史論集》，第 11 集（臺北：文史哲出版社，1997），頁 340。

[268] 黃天道：又稱爲「皇天教」，是受到羅清（羅祖）、白蓮教與「劫變論」（末日說）思想影響的民間祕密教門，由膳房堡（今河北省張家口市萬全區膳房堡鄉）李氏族人「普明祖師」（李賓）創立，盛行於明末清初的中國華北地區，尤其衍伸的教派甚多，其中最有名的是還源教（明宗會）。詳見：曹新宇，《祖師的族譜：明清白蓮教社會歷史調查之一》（新北：博揚文化，2016），頁 12-13、22-33、69-73。

[269] 類似文本往往稱「太陽神」爲：太陽星君、太陽帝君、太陽神君、太陽菩薩或日光菩薩。詳見：余法宸編，《西天大佛教》，無頁碼。

[270] 因此，就西天大佛教具有《觀音救苦第一經》與《太陽經》的傳承來看，均與明、清兩代民間信仰與祕密教門有著深刻地結合，尤其此兩者背後的都與官方取締之祕密教門有著密切關聯，這也與西天大佛教內的有關「反清」的傳說相互呼應。

伍、結語

就本研究之初步論證嶺南法教——西天大佛教的法脈傳承，有關該法教的眞實緣由，儘管無法百分之百地確知較爲系統性傳承，但就應德宮內傳承的資料來看，可以證明此教門的構成相當複雜，可以說是多個傳承注入一教的體現，而不能夠以「單一性」傳承來說明此教門之發展。不論是從咒語、師牌或法本切入，西天大佛教的傳承可以追溯自明、清兩代祕密教門發展。其中傳承，雖有茅山、梨山、唐山、西江諸地，又有青年（應即青蓮）、紅蓮、白蓮等祕密結社背景之教門傳承，亦因教門本身具有「反清」色彩，而長期地下化發展。期間，可能爲躲避官方查緝，而將符法、經咒的儀式行爲限縮，而轉換成較爲精微的術法傳承。

---

[270] 曹新宇，《祖師的族譜：明清白蓮教社會歷史調查之一》，頁 244。

就本研究目前可以查找的源頭，西天大佛教的發源起始，應與宋、元逐漸發展成型的「彌勒」信仰、白蓮教等諸教門有關，之後隨著「劫變」思維在明、清兩代的盛行，逐漸形成羅教（無爲教）、黃天道、弘陽教等與白蓮教關係較爲密切的教門，之後更以所謂的八字眞言、《觀音救苦經》與《太陽經》，以及搭配的相關修行儀式的建構，而解決當時社會底層人士的精神需求，從而入教，並著手游化濟生與對抗當局者的政治活動。當中，入教門後闡揚術法具有神威者，與爲了理念而臨陣犧牲者，都被列爲西天大佛教「歷代祖本宗師」奉祀之。

　　修行功法而言，西天大佛教與之過去「傳承」之祕密教門而言，之《觀音救苦第一經》或《觀音救苦經》遲送法與有關太陽修行法門，整體相較而言較爲簡略，不須誦念八字眞言或是靈文，指需要誦讀經典與依照師父口教修行即可。儘管儀式簡略，但相同的是，西天大佛教的修行法門與過去的祕密教門一樣，主要都是作爲護身與保平安的法科。

圖1：嘉義縣民雄鄉應德宮內的西天大佛教法壇。
（資料出處：毛帝勝；拍攝時間：2021年7月31日）

圖2：真武總壇的尤元海神像。
（資料出處：余法宸提供）

圖3：真武總壇創始者尤元海之墓。
（資料出處：余法宸提供）

圖4：羅法聖（右1）引余法宸（右2）過教，
出「四大天門」。（資料出處：余法宸提供）

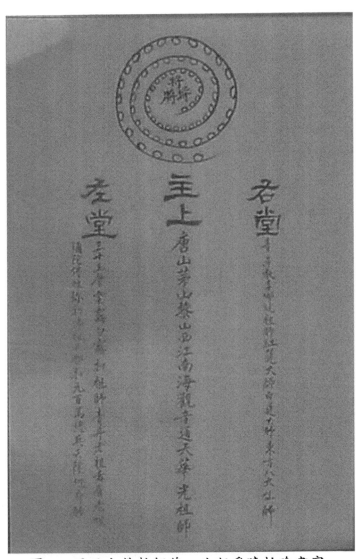

圖 5：西天大佛教師牌，此版爲陳柏瑜書寫。

（資料出處：余法宸提供，筆者攝影）

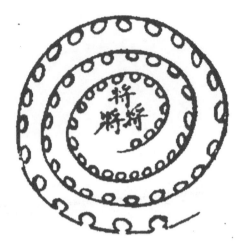

圖 6：「將將將」符文。

（資料出處：余法宸編，《西天大佛教》，無頁碼）

圖 5：余法宸（左 1）在臺灣領弟子過教。

（資料出處：余法宸提供）

徵引書目

- 余法宸,「開運祕法」粉絲專頁
  （https://www.facebook.com/lickylife/photos/201895
  9831542004），貼文時間：2019 年 6 月 25 日，最後
  瀏覽時間：2021 年 8 月 6 日。
- 余法宸編,《西天大佛教》法本,嘉義：應德宮,
  2019。
- 余法宸編,《西天大佛教法科全集》,嘉義：應德
  宮,2021。
- 拍攝者不詳,「尤元海師公之墓」,嘉義：余法宸
  提供,訪談時間： 2021 年 7 月 31 日。
- 易隱燕,〈南傳法中的祕傳之法：西天佛法〉,貼
  文時間：2021 年 2 月 2 日,搜狐網站
  （https://www.sohu.com/a/448276608_100155415）,
  最後瀏覽時間：2021 年 8 月 6 日。
- 臺灣銀行經濟研究室編,《臺灣私法人事編》,臺
  北：臺灣銀行經濟研究室,1961。
- 羅法聖,「未命名自傳性文件」,嘉義：余法宸提
  供,時間：2021 年 7 月 31 日。
- 莊吉發,《眞空家鄉：清代民間祕密宗教史研
  究》,臺北：文史哲出版社,2002。

+ 劉耀仁，〈清代民間祕密宗教末劫思想之研究〉，
臺北：國立臺灣師範大學歷史學系碩士學位論
文，2006。

+ 曹新宇，《祖師的族譜：明清白蓮教社會歷史調查
之一》，新北：博揚文化，2016。

+ 于君方著，釋自衍譯，〈魚籃提向風前賣與
誰？〉，《香光莊嚴雜誌：女性觀音—中國的觀音信
仰（下）》61 期（臺北，1999），頁 66~95。

+ 徐興慶，《東亞文化交流與經典詮釋》，臺北：國
立臺灣大學出版中心，2008。

+ 謝世雄，〈密法與道術——穢跡金剛法與靈官馬元帥
祕法中的驅邪法式研究〉，《國文學報》51 期（臺
北，2012），頁 1~36。

+ 野口鐵郎，《明代白蓮教史の研究》，東京：雄山
閣，1986。

+ 蕭登福，〈西王母信仰源起及其在歷朝歷代中的神
格發展〉，《宗教哲學》51 期（臺北，2010），頁
51~67。

+ 莊仁德，《顯靈：清代靈異文化之研究—以檔案資
料為中心》，臺北：國立臺灣師範大學歷史學系，
2004。

+ 劉韋廷，〈神異與多貌—以宗教神話觀點論哪吒太
子形象〉，《輔仁宗教研究》（新北，2018），頁
65~90。

- 黃景添，《白蓮教與明代建國》，香港：中華書局，2007。
- 不著作人，《高王觀世音眞經》，高雄：天祥印經處，年代不詳。
- 馬西沙、韓秉方，《中國民間宗教史》，上海：上海人民出版社，1991。
- 莊吉發，《雍正事典》，臺北：遠流出版公司，2005。
- 《清實錄：高宗純皇帝實錄》，卷 897，〈乾隆三十六年十一月下〉，頁 1079~1。轉引：中央研究院歷史語言研究所、韓國國史編纂委員會，「明實錄、朝鮮王朝實錄、清實錄」資料庫（http://hanchi.ihp.sinica.edu.tw/mqlc/hanjishilu?@19^1130244459^807^^^702110110008090200010014^1@@927330955#top），最後瀏覽時間：2021 年 11 月 25 日。
- 不著作人，《觀世音菩薩救苦眞經》中華電子佛典協會（http://buddhism.lib.ntu.edu.tw/FULLTEXT/sutra/10thousand/X01n0034.pdf），最後瀏覽時間：2021 年 8 月 8 日。

西天大佛教篇

國家圖書館出版品預行編目資料

從教門發現歷史：天地會、天德聖教、天人教與
西天大佛教／毛帝勝著. --初版.--臺中市:白象
文化事業有限公司，2022.8
　　面；　公分
　ISBN 978-626-7151-47-1（平裝）
1.CST: 民間信仰 2.CST: 歷史
271.909　　　　　　　　　　111009109

從教門發現歷史：
天地會、天德聖教、天人教與西天大佛教

作　　　者　毛帝勝
校　　　對　毛帝勝、武崙文史工作室
發 行 人　張輝潭
出版發行　白象文化事業有限公司
　　　　　　412台中市大里區科技路1號8樓之2（台中軟體園區）
　　　　　　出版專線：（04）2496-5995　　傳真：（04）2496-9901
　　　　　　401台中市東區和平街228巷44號（經銷部）
　　　　　　購書專線：（04）2220-8589　　傳真：（04）2220-8505
專案主編　黃麗穎
出版編印　林榮威、陳逸儒、黃麗穎、水邊、陳媁婷、李婕
設計創意　張禮南、何佳諠
經紀企劃　張輝潭、徐錦淳、廖書湘
經銷推廣　李莉吟、莊博亞、劉育姍、林政泓
行銷宣傳　黃姿虹、沈若瑜
營運管理　林金郎、曾千熏
印　　　刷　百通科技股份有限公司
初版一刷　2022 年 8 月
定　　　價　250 元